La serie:

Llaves maestras

Claves espirituales del reino

Hablando en lenguas desconocidas

ENTENDER LOS USOS
Y LOS ABUSOS DE ESTA
EXPERIENCIA SOBRENATURAL

por
Harold McDougal

Hablando en lenguas desconocidas
Copyright © 2009 por Harold McDougal
TODOS LOS DERECHOS RESERVADOS

Este libro fue publicado originalmente en inglés bajo el título, *"Speaking in Tongues"*, © 1988, 1997.

Todas las citas textuales de las escrituras provienen de la Versión Reina-Valera, Revisión 1960, © Sociedad Bíblica en América Latina.

McDougal Publishing es un ministerio de la Fundación McDougal, Hagerstown, Maryland, Estados Unidos de Norteamérica. La Fundación McDougal es una corporación sin fines de lucro dedicada a la difusión del Evangelio de Jesucristo en el menor tiempo posible.

Traducción al español por Editorial McDougal.

ISBN 13: 978-1-58158-150-8

Publicado por:
McDougal Publishing
P.O. Box 3595
Hagerstown, MD 21742-3595
www.mcdougalpublishing.com

Para distribución a nivel mundial.

Dedicación

Con gratitud, dedico estas páginas a mis padres por haberme dado la vida, a mi esposa por amarme, y a mis hijos por honrarme.

Mis agradecimientos especiales para todos los que ayudaron con sus comentarios para hacer de este libro una obra mejor.

Contenido

Introducción 9

1. Un regalo entregado en persona 11
2. ¿Estaba yo solo? 33
3. Entendiendo la experiencia 43
4. La Palabra arroja luz 67
5. Otras manifestaciones comunes
   del Espíritu 113
6. El pentecostés en América del Sur 133
7. ¿Por qué Dios escogió esta señal
   sobrenatural? 139
8. Notas finales 143

Introducción

En cierto momento, hace aproximadamente veinte años, hubo un verdadero afluir de libros disponibles dentro de la comunidad cristiana sobre el tema de hablar en lenguas. Aún, éste presente libro, cuya primera publicación fuera hace tantos años, encontró un lugar entre tantos para aquellos que tenían hambre de entender las cosas profundas del Espíritu de Dios.

Recientemente, hemos notado que hay pocos libros sobre el tema, y hemos recibido los pedidos por algo claro y conciso, que ayude a la multitud del nuevo pueblo que entra en la experiencia del bautismo del Espíritu Santo, a través del avivamiento que ha tocado muchos lugares de nuestro propio país y del mundo entero. En respuesta, hemos actualizado y sacado una nueva edición de este libro clásico, y confiamos que será una bendición para muchos.

Harold McDougal

- 1 -

Un regalo entregado en persona

Sucedió como a las 2:30 a.m. de la Noche Buena de 1960. Me encontraba en casa por motivo de las festividades navideñas, habiendo llegado de la universidad para pasar las vacaciones. Nuestra familia siempre celebraba el mismo día del 25, pero todos estaban en la sala todavía, haciendo arreglos de último minuto, ubicando regalos debajo del árbol, así como los caramelos y las frutas que siempre parecían aparecer de la nada, y las otras sorpresas de última hora que llevaban una tarjeta firmado por Santa.

Recordando, supongo que las luces del árbol de Navidad se veían tan hermosas como siempre, y los regalos eran abundantes y con envolturas llenas de colorido; la atmósfera cargada con la maravilla de la estación. ¿Era así?

Seguramente, mas sin embargo había algo diferente aquella Navidad. Dudo que pudiera habérmelo explicado a mí mismo si hubiera tratado. No creo que las luces me parecieran menos brillantes o que los regalos hubieran perdido su color. Creo, más bien, que simplemente ni me fijaba en ellos. El oropel y los pequeños juguetes no me traían emoción. Mis pensamientos estaban lejos de allí.

Hacía ya algún tiempo que yo venía experimentando una creciente hambre por las cosas profundas de Dios, y esta hambre me consumía. Nada más parecía importar. No me importaban los otros regalos, ni las golosinas de Navidad. Yo deseaba el Espíritu de Dios. Quería experimentar mi propio Pentecostés. Debía tenerlo. Mi espíritu estaba desesperado. Me senté en un sillón, medio aturdido, no muy consciente de la actividad que se desenvolvía a mi alrededor, hasta que había cesado, y todos se estaban yendo a dormir.

Subí las escaleras con lentitud, pensativo, y en-

Un regalo entregado en persona 13

tonces, escurriéndome dentro de las sábanas de mi cama, empecé a orar: "Jesús, no quiero ningún otro regalo para Navidad. Solamente quiero tenerte a Ti. Quiero más de Tu poder. Necesito Tu Espíritu".

No recuerdo todas las palabras que dije, y no sé cuánto tiempo oré. Parecía sólo un momento, cuando de pronto el aire de mi habitación estaba cargado de electricidad, como el aire sobre Belén lo habría estado hacía tanto tiempo en una noche de Navidad. No vi a nadie que físicamente entrara en el cuarto, pero de alguna manera sabía que el Cristo de la Navidad había venido a mi habitación. Yo podía sentir Su presencia.

Él no me dijo nada; pero puso Su mano sobre mí; y cuando lo hizo, mi alma se llenó con Su gloria, y empecé a hablar en un lenguaje que nunca había aprendido.

¿Cuánto tiempo fue?, no puedo decirlo; pero en un momento dado caí en un sueño tranquilo.

No recuerdo ningún otro regalo que yo habría recibido en esa Navidad. ¿Qué más podría comparársele? Cristo mismo me había entregado de Sus propias manos, en mi habitación, el regalo más grande que alguien pudiera desear, el bautismo del Espíritu Santo, y me había permitido tener una de las experiencias más emocionantes conocida para los mortales—hablar en lenguas desconocidas.

Este don es una de las llaves maestras que desencadena el arca del tesoro espiritual de Dios, y hasta hoy, por más de treinta años, he estado encontrando nuevos tesoros continuamente al usarlo. Y todavía siento que sólo he arañado la superficie. Hay una multitud de gozos, todavía sin tocar que me aguardan.

Todo suena tan fácil, pero hay más en esta historia, mucho más:

Mi búsqueda de Dios empezó a una edad muy temprana. Constantemente estaba consciente del vacío de la vida a mi alrededor, la vanidad de buscar satisfacción en el colegio, en la familia, o en la vida de la comunidad—inclusive en la iglesia.

En el colegio era un buen alumno, y siempre estaba a la cabeza de mi clase.

Y aunque era tímido por naturaleza, no tenía problemas en hacer amigos, especialmente porque todos habíamos crecido juntos en el mismo lugar.

En casa, teníamos una vida normal.

Sin embargo, por alguna razón extraña, me daba por mirar por horas a los cielos, preguntándome qué significado tenía todo. Hacía largas caminatas en los bosques vecinos, inclusive en la noche. "¿Qué es la vida?", me preguntaba a mí mismo. Un día en la escuela dominical se contestó la pregunta.

El hecho de que yo asistiera a la escuela dominical no significaba que yo era un ángel. Más cierto es

Un regalo entregado en persona 15

lo contrario. Una maestra de la escuela llamó a mi madre un día a una conferencia en la que ella le dijo que yo tenía un gran potencial de liderazgo, pero que podría encaminarse en cualquier dirección, para bien o para mal. Y creo que fue una ocasión cuando la balanza se estaba inclinando hacia el lado de lo "malo".

Mis maestros de la escuela dominical no precisaban qué hacer conmigo, y estaban seguros de que mi vida nunca llegaría a tener mayor importancia.

Un domingo por la mañana, cuando todavía estaba en la escuela dominical, la clase fue diferente. Usualmente pasábamos el tiempo de la clase escupiendo bolitas hechas de papel el uno contra el otro, picando el uno al otro con ligas de goma, y encontrando formas de atormentar a los profesores. Rara vez recordábamos el versículo que nos pidieron memorizar. Pero este día se distinguió.

Mientras que el profesor nos leía el versículo para memorizar, las palabras del mismo misteriosamente me parecían resaltar de la página. El versículo en cuestión era Juan 11:25-26:

> *Le dijo Jesús: Yo soy la resurrección y la vida; el que cree en mí, aunque esté muerto, vivirá. Y todo aquel que vive y cree en mí, no morirá eternamente. ¿Crees esto?*

La clase había concluido, y todos iban en fila escaleras arriba para las actividades finales de la escuela dominical — todos menos yo. Yo todavía estaba sentado en esa mesa simple, escuchando esas palabras una y otra vez en mi mente:

Yo soy la resurrección y la vida.

Yo soy la vida.

Yo soy la vida.

No puedo decir que aquel día yo fuera totalmente transformado, pero puedo decir que, aunque luché con la carne en los años posteriores, supe lo que era la vida, o Quién era la vida. Ahora sólo tenía que buscarle.

En aquellos años habían todavía algunos predicadores del estilo tradicional que visitaban nuestra iglesia metodista que se encontraba en el campo. Inclusive, teníamos reuniones anuales de avivamiento que duraban una semana entera, con testimonios genuinos y coros especiales, con predicadores que, por la intensidad de su presentación, se ponían algo rojo en sus caras al dar el mensaje y hacían llamamientos a la gente que pasan al altar.

Respondí a uno de esos invitaciones cuando tenía

12 años y me sobrevino un cambio definitivo a mi vida. No era perfecto todavía, pero al menos sabía cuando no era perfecto, y me causaba vergüenza.

Antes de tener edad para conducir un auto, trabajé en el verano, y justo cuando tenía la edad suficiente para poder obtener mi licencia, compré un viejo Dodge modelo 1950 y empecé a visitar todas las reuniones especiales que pude encontrar. Fui a iglesias bautistas, de la Alianza, nazarenas— sólo para mencionar algunas.

Me involucré en la Sociedad de Jóvenes Metodistas y en La Juventud para Cristo. Algunos de nosotros, que amábamos al Señor, formamos un Club Bíblico de la Juventud para Cristo en nuestro colegio. Nos reuníamos los jueves a la hora del almuerzo. Llevábamos nuestras Biblias al colegio, de modo que pudiéramos reunirnos durante los momentos libres e inclusive en otros días.

Viajábamos a una ciudad vecina, a una distancia de 32 kilómetros, un sábado en la noche cada mes para reunirnos con otros jóvenes de clubes similares.

Mi pastor se dio cuenta del cambio en mi vida y me pidió que lo reemplazara un domingo en la iglesia más grande que él tenía a su cargo. Yo había estado leyendo las Escrituras regularmente, desde los doce o trece años. En esta ocasión fui al bosque y esperé delante del Señor por varias horas, orando sobre el "sermón" que yo tenía que dar.

Tomé un texto de alguna parte del capítulo doce de la primera carta a los Corintios (y nunca supe por qué), y con la ayuda de un reciente artículo del periódico, titulado LOS MILAGROS NO HAN CESADO, que no tenía ninguna relación con el tema, prediqué mi primer sermón.

Espero que nadie salga con una grabación de mi primer "sermón", pues estoy seguro de que sería penoso. Yo era sólo un adolescente, y muy tímido por cierto.

Aquellos que asistieron ese día fueron muy amables, y me felicitaron sinceramente por aquel "sermón maravilloso". Probablemente estaban durmiendo durante el mensaje o lo olvidaron prontamente. Pero yo no me olvidé. La memoria de aquel sermón me atormentó por muchos meses.

Mi tormento era difícil de entender: Yo era activo en la iglesia, asistía a otras iglesias. Era el presidente de nuestro Club La Juventud para Cristo, inclusive había comenzado mis estudios para obtener mi licencia para predicar en la iglesia metodista. Y sin embargo, me sentía mal, con una profunda insatisfacción.

Mientras más leía la Biblia me daba cuenta que había mucho más, y que yo no sabía nada. Los apóstoles experimentaron milagros al diario. ¿Dónde estaban los milagros de los cuales yo había dicho que su época no había pasado? Ciertamente yo no los veía.

Un regalo entregado en persona 19

Yo amaba al Señor y trataba de servirle lo mejor posible, pero simplemente no tenía el poder para hacer de la manera más efectiva. Estaba tratando de hacer algo que era imposible en mis propias fuerzas.

También estaba tratando de ganar almas, y no tenía el poder para ganarlas. Si ni siquiera tenía el poder para vivir lo suficientemente cerca del Señor, como sabía que debía hacerlo, ¿cómo podía ganar almas? La voluntad tuve, pero no tuve el poder para cumplirlo; y no tenía idea cómo debía hacer para resolver mi problema.

Dios estaba respondiendo a muchas de mis oraciones. Definitivamente, sentía estar guiado por Él al seleccionar los temas para enseñar y predicar, y siempre oraba, preparándome. Pero, ¿dónde estaban los resultados? Yo sabía que era joven, y tenía que darme tiempo para madurar, pero pensaba: "Si todo este esfuerzo produce tan poco resultado, tal vez no vale la pena".

En cierta ocasión, al medio día, pasé por la puerta del auditorio del colegio y adentro vi a muchos de los miembros de nuestro club bíblico, con sus Biblias abiertas, en un debate acalorado. Pensé que intentaría resolver el desacuerdo, así que, me junté.

"¿De qué discuten?", pregunté. "Déjenme ver si puedo ayudar".

"Estamos tratando sobre el hablar en lenguas", respondió uno de los muchachos.

"¿Están discutiendo sobre qué?", pregunté con incredulidad.

"Tú sabes, hablar en lenguas, como en la Biblia".

"Yo he leído la Biblia varias veces", dije, "y no recuerdo nada sobre hablar en lenguas". Y lo decía en serio.

Varios de estos muchachos, según se hizo evidente, habían estado asistiendo a una iglesia pentecostal, y uno de ellos trató de explicarme lo que era el hablar en lenguas. Todo el tiempo que él estaba haciendo su mejor esfuerzo para explicármelo, yo pensaba que él y los demás se habían metido en algo muy peligroso. Me sentí muy preocupado por ellos y decidí estudiar el tema, y que la próxima vez que nos volveríamos a reunir, sabría del tema y lo que hablaría para ayudarlos a salir de su error.

Me sentí aliviado cuando sonó el timbre para la siguiente clase, y les dije que lo discutiríamos en otro momento.

Además, no recuerdo cómo lo conseguí, pero alguien me había hecho el gran favor de poner en mis manos unos los famosos libros de John R. Rice, en los que derrumbaba por completo, pedacito a pedacito, a los pentecostales. Él estaba convencido de que el hablar en lenguas y la sanidad fueron necesarios solamente para fundar a la iglesia del primer siglo, y que ya habían pasado. El ridiculizaba cada uso actual de estos dones y daba un corto comentario sobre algunos versículos de 1 Corintios, capítulos 12, 13 y 14, para sustentar sus argumentos.

Yo leí el libro varias veces, memorizando los argumentos, y estaba listo para la siguiente ocasión en que se podría surgir el tema con los muchachos. Estaba totalmente decidido a sacarlos de su error. Y mientras empezaba a echarles estos firmes argumentos, uno por uno, me aparecían tan endebles, y hasta contradictorios. Y no solamente fallé en convencerlos de su error, sino que salí de la discusión de aquel día muy confundido, yo mismo.

El asunto no terminó. Continué yendo regularmente a las discusiones, y repetidamente yo leía el libro de John R. Rice, buscando mejores argumentos para usar, y mientras lo hacía, empecé a ver cuán falsas eran sus conclusiones. Se basaban en versículos sacados del contexto y mezclados e interpretados de una manera que nunca fue la intención del Señor, el Autor de las Escrituras. Simplemente, los argumentos de Rice no eran substanciales.

De modo que, por un tiempo, dejé el tema a un lado y evité más discusiones con los muchachos pentecostales en nuestro grupo, porque no estaba realmente impresionado con su experiencia y por lo tanto, podía ignorarla. Sin embargo, mi propia lucha no cesó. Ellos debían haber estado orando por mí.

Un día, hacia fines del sexto curso, me sentía tan miserable que dije a uno de esos muchachos, antes de la hora que empezara los clases: "Por favor, trata de explicarme más acerca del bautismo del Espíritu Santo".

El fue muy honesto conmigo. Dijo: "No estoy seguro de que pueda explicártelo hasta que te sientas satisfecho. ¿Por qué no vamos a ver a mi pastor. Sé que él se sentirá feliz de ayudarte".

Ansiosamente acepté su invitación. Y así, de esta manera, fue que el orador de la Promoción de 1960, quinto en la clase de 350, Presidente de la clase, Capellán del Key Club, Vicepresidente de la Sociedad de Drama, miembro del grupo de debate, y de la Sociedad Nacional de Honor, se escapó del colegio aquella mañana.

Me gustó la manera en que David Lewis lo abordó. Dijo: "Preferiría no pasar el tiempo contándote acerca de experiencias personales. Más bien te mostraré lo que la Palabra de Dios dice." Abrió la Biblia y me leyó en Marcos 16:17-18, mostrándome que una de las señales que Jesús esperaba que siguiera a los creyentes era el hablar en lenguas. Y yo no pude argüir contra ello.

El me leyó el octavo versículo de Hechos capítulo uno, donde Jesús prometía a sus discípulos que tendrían poder para hacer la obra que les estaba encomendando, y el poder vendría a través del

Espíritu Santo. Eso hizo un gran impacto en mí, porque hablaba de la necesidad que yo sentía.

Me leyó los primeros versos de Hechos capítulo dos, mostrándome que, con el primer derramamiento del poder del Espíritu sobre los primeros creyentes, todos ellos hablaron en lenguas. ¿Qué podía yo decir? Era claro.

Me mostró en el capítulo 8 que el derramamiento en Samaria causó tal impresión en Simón el brujo, que éste estaba presto a ofrecer dinero para tener el poder que Pedro y Juan tenían. ¿Qué fue lo que vio que era tan dinámico?

Me mostró que Saulo de Tarso fue lleno del Espíritu en Damasco y más tarde escribió a las primeras iglesias contándoles sobre su propia experiencia de hablar en lenguas.

Me mostró que la señal que los líderes de la iglesia primitiva aceptaban como prueba de que los gentiles realmente habían recibido la misma experiencia del Espíritu Santo a través del ministerio de Pedro era que los testigos "los oían que hablaban en lenguas".

Y finalmente me mostró que cuando Pablo puso sus manos en algunos discípulos de Juan el Bautista en Efeso, ellos fueron llenos con el Espíritu Santo y hablaron en otras lenguas.

Pienso que ni siquiera tocamos las contradicciones de 1 Corintios con las que yo había estado luchando; y ya habían pasado un par de horas. Pensé que debía volver a clases, de modo que concluimos la conversación de ese día. No recibí el bautismo del Espíritu Santo tampoco, pero fui convencido que era el secreto que había estado buscando, y no dejé de buscarlo hasta aquella Noche Buena cuando logré ser lleno gloriosamente.

Aquel verano asistí a una genuina reunión, tradicionalmente pentecostal, en una carpa. Sucedió por accidente, o así parecía (pero nada sucede por accidente a aquellos que aman a Dios).

Yo había dado una conferencia a un grupo de jóvenes bautistas y estaba llevando a uno de mis amigos a su casa. El vivía en el campo, al otro lado de la ciudad. Estábamos pasando en el viejo Dodge, con las ventanas abiertas, cuando de repente escuchamos un ruido extraño. Ninguno de los dos sabía lo que era, pero parecía venir de un sitio vecino.

Entonces vimos una pequeña carpa. Tenía unas pocas luces a su alrededor; y con seguridad los sonidos venían de esa dirección.

Curioso, disminuí la velocidad y dije: "Vamos a ver que está sucediendo. Suena como si hubiera gente muy animada".

Nos sorprendimos de ver sólo pocos carros parqueados afuera. Dentro, no tuvimos ningún problema en encontrar asiento. Eran pocos, pero entusiastas. Habíamos terminado nuestra reunión

Un regalo entregado en persona 25

y estábamos yendo a casa, pero estas personas parecían estar empezando.

De las muchas sensaciones que me abrumaron en los primeros momentos dentro de esa carpa, recuerdo dos: me preguntaba cómo tan poca gente podía hacer tanta bulla. Y cuando empezó la predicación del evangelio, encontré que era algo "fuera de este mundo". No solamente que la escuché, la viví. Alimentó mi alma como nunca había sido alimentada antes. Esta predicación era viva, poderosa, convincente. Dio en el blanco.

Inmediatamente quise para mí lo que tenía ese predicador, y casi no pude esperar para preguntarle qué era.

Cuando terminó de predicar, nos hizo poner a todos de pie. Cantamos una canción, luego me señaló. "¿Pasaría Usted aquí?", preguntó.

Miré a mi alrededor para ver si pudiera haber alguien más a quien señalaba, y no había. "Usted", dijo. "Sí, Usted venga aquí, adelante, un momento".

Comencé a pasar, algo nervioso, pero muy emocionado por lo que estaba sintiendo.

Tomó mi mano y la sostuvo por un momento, luego dijo: "Esta es la mano de un siervo de Dios. Si continúas buscándole, recibirás el poder que te ha estado faltando. Él te probará que es el mismo ayer, hoy y por los siglos".

Cada palabra que dijo me conmovió, hasta lo sumo, por muchas razones:

Primero, llevaba una camisa roja porque había estado en una reunión de jóvenes. De modo que no iba vestido como un predicador.

En segundo lugar, yo trabajaba en ese verano en un criadero, arreglando la tierra, el césped y los arbustos. Después de haber trabajado en la tierra por semanas, tenía dificultad en lograr que mis manos quedaran limpias, a menos que tuviera el tiempo para frotarlas con una piedra. Y por el apuro de esa mañana, mis manos no se veían como las manos de un predicador.

Y finalmente, solamente Dios sabía que ese *poder* era aquello que yo estaba buscando. Yo no conocía a ninguna persona de las que estaban allí esa noche, y estaba relativamente seguro de que no había nadie que me conociera.

El evangelista siguió diciendo otras cosas que sólo Dios sabía. Era obvio, para mí, que él estaba escuchando de Dios, y me di cuenta, de que esto era lo más cercano a los Hechos de los Apóstoles, que yo había experimentado. Simplemente, yo tenía ansia para hablar con él predicador.

Mientras, él oraba y ministraba a otra gente. Una dama que tenía las rodillas anquilosadas corrió alrededor de la carpa, completamente sanada. Otra, que había sufrido fuertes dolores de cabeza,

Un regalo entregado en persona

empezó a danzar adelante en frente de todos, feliz porque era libre de sus dolores. Otros danzaban de gozo también, y uno por uno, fueron tocados por el Señor.

Habían muchos gritos, mas sin embargo, mi naturaleza metodista tranquila no se sintió ofendida. Cuando vi a la gente con sus manos y sus cabezas levantadas al cielo, y con lágrimas que corrían por sus rostros, diciendo, "Jesús, te amo", mis únicos pensamientos eran: Yo quiero poder expresar mi amor al Señor de la misma manera.

Nada me parecía extraño. Vi a un hombre saltando en un pie frente al altar, y pensé que era maravilloso.

Nada que viera aquella noche me decepcionó, todo lo que vi me animó aún más.

Para mi sorpresa total, supe más tarde que el evangelista, el Hermano Jerry Arthur, era de Indiana, casi a mil seiscientos kilómetros de donde nos encontramos. Él no sabía nada de mí. Tenía solamente veintiún años, aunque me parecía a mí un gigante espiritual mayor edad, alguien de vasta experiencia en la Palabra. Cuando le pregunté su secreto, me dijo: "El bautismo del Espíritu Santo. Sin Él yo no sería nada". De alguna manera, su respuesta no me sorprendió.

Volví a la carpa varias veces, pero aun cuando oraron por mí para que fuera lleno del Espíritu, permanecí enmudecido, con mis dientes y mis labios fuertemente cerrados. Estaba tan consciente de mí mismo, tan orgulloso (supongo), que nada sucedió.

Lo mejor que me sucedió a raíz de esas reuniones en la carpa fue que compré un libro del evangelista. Llevaba algunos de ellos en un portafolio. Eran pequeños y económicos. Ni siquiera recuerdo el título que compré, pero recuerdo que alimentó mi alma, de la misma manera que lo hizo la predicación ungida del evangelista. Dentro de la portada del libro había una oferta de venta de sesenta de los mismos cuadernos, y podían pagarse a plazos.

Mandé a pedir los cuadernos y cuando fui a la Universidad de Lafayette aquel otoño, los llevé conmigo. Aquellos pequeños libros me dieron abundante información sobre temas espirituales de los que nunca había sido enseñado en mi propia iglesia. Habían títulos como: El bautismo del Espíritu Santo, Los Dones del Espíritu, Ayuno y Oración, Sanidad, Profecía, etc.

El autor de todos aquellos libros, Walter Vincent Grant padre, había sido granjero de Tejas y en los años treinta Dios lo llamó para predicar. Se sentía tan poca capaz que iba a un bosque, y recostado sobre las hojas oraba en el Espíritu por horas en cada ocasión.

Cuando el avivamiento vino a los Estados Uni-

Un regalo entregado en persona 29

dos en los años cuarenta, W.V. Grant se convirtió en uno de los más conocidos y respetados maestros del movimiento pentecostal. Condujo grandes reuniones en todos los Estados Unidos con otros hombres conocidos como Gordon Lindsay, Velma Gardner, R.W Culpepper, Morris Cerullo, y Oral Roberts.

Los libros que compré no eran sino simples sermones de W.V. Grant padre, transcritos e impresos en pequeños panfletos (con muy poca revisión textual). ¡Cómo amaba yo a esos libros! Los leía por horas sin parar cuando estaba en la universidad. Mis compañeros de habitación sabían que yo tenía que estar loco. Yo tomaba mi Biblia, y uno de esos libros, a la primera hora en la mañana y los leía en cada oportunidad que tenía durante el día hasta tarde en la noche. Realmente no me importaba lo que pudieran pensar. Yo estaba en el Cielo, y tenía más y más hambre del poder de Dios.

Un día recibí una carta de mi nuevo amigo, Jerry Arthur. Cuando se sentó a escribirme esa corta carta, había empezado a profetizar. La mayor parte de la carta estaba hecha de la profecía. No sé qué sucedió con al carta después, cuando salí de la universidad. Sin embargo, cuando yo la recibí, me emocionó tanto que la escribí a máquina con cinta roja, la enmarqué y la colgué en la pared cerca de mi cama.

El Señor había dicho que si yo continuaba buscándole y si no permitía que nada me desviara, recibiría poder en realidad, que El me ceñiría con su "armadura de batalla" que me haría "invencible en la batalla".

No podía esperar por más tiempo. Debía tener ese poder. Y todavía los días se hacían interminables, y yo no lo recibía. Más tarde me pregunté los porqués de la demora de mis bautismo con el Espíritu Santo.

Primero, pienso que yo era muy ingenuo a causa del ambiente campesina resguardado en que había crecido. Necesitaba ver cómo era el mundo. La vida universitario me instruyó rápidamente al respecto. Necesitaba ver que el ambiente liberal de aquella universidad nominalmente cristiana no podía cambiar las vidas de los jóvenes. Teníamos una iglesia allí y un coro famoso, "Los setenta y siete hombres de Lafayette". Yo consideraba que era un gran privilegio para mí cantar con ellos. Pero los diáconos de la iglesia estaban con malestar cada domingo en la mañana por haber bebido con exceso, y actividades de bajo moralidad se planificaban cada fin de semana, tanto fuera, como dentro de la universidad. ¡Bienvenido al mundo real, muchacho de campo!

En segundo lugar, no tenía ayuda y experiencia en aquellas cosas espirituales. Sin duda, hubiera recibido el Espíritu Santo meses antes si yo hubiera

Un regalo entregado en persona

conocido lo que conocemos hoy en día, que Dios desea darnos esta experiencia más de lo que nosotros queremos recibirla. Hemos ayudado a miles a recibirla sin que tengan que esforzarse en los últimos años, pero en aquel tiempo, la mayoría de las iglesias pentecostales pensaban que uno tenía que esperar, a veces años, antes de que pudieras recibir esta experiencia.

Cualquiera sea el caso, maduré mucho aquel semestre y mi hambre por el poder de Dios se intensificó hasta que parecía insoportable. Entonces, fui a casa por las Navidades y obtuve el mejor regalo, entregado en persona, que yo hubiera podido soñar.

- 2 -

¿Estaba yo solo?

Descubrí que el mío no era un caso aislado. Empecé a escuchar que los menonitas caían de sus bancas durante la oración y hablaban en lenguas, veían visiones y recibían profecías. Escuché que un pastor bautista en Pennsylvania empezó a hablar en lenguas en su estudio mientras buscaba a Dios para su sermón semanal. Los episcopales lo estaban recibiendo en el estado Washington y los luteranos en California. Yo no estaba solo. Era parte de un movimiento emocionante que se estaba extendiendo a través del mundo cristiano.

Muchos llaman a este llenura del Espíritu "Pentecostal" por causa de lo que pasó el día de pentecostés. Otros usan el término "carismático" de la palabra "carisma" o don. Ambos términos son aceptables, porque estamos hablando del derramamiento del Espíritu Santo sobre creyentes hambrientos, y que le buscan, tal y como sucedió en Jerusalén en el Día de Pentecostés hace aproximadamente dos mil años. Al derramarse el Espíritu, se manifiesta a sí mismo en dones (carismas) del Espíritu.

Esto es lo mismo que le pasó a Pedro y a los otros apóstoles, a María, la madre de Jesús, y a los otros ciento veinte creyentes presentes en el aposento alto en el Día de Pentecostés.[1] Le sucedió a los creyentes samaritanos[2], a San Pablo[3], a los que pertenecían a la casa de Cornelio en Cesarea,[4] a los doce discípulos de Juan el Bautista en Efeso,[5] y a los Corintios convertidos,[6] todos en el primer siglo.

La experiencia ha recurrido en varios intervalos de la historia de la Iglesia, y a creyentes de cada siglo. En la iglesia católica, a muchos de aquellos que luego fueron canonizados con el título de santos, se reconoció que tenían algo especial por lo que tenían que ser honrados. A menudo, era por manifestaciones sobrenaturales del Espíritu en sus vidas.

San Agustín, en el siglo IV, según se informa, esperaba que todos sus convertidos hablaran en lenguas. San Vicente Ferrer habló en lenguas en el siglo XIV. San Francisco Javier también lo hizo en el siglo XVI.[7]

De los grandes reformadores del siglo XVI, XVII y XVIII, se sabe también que hablaron en lenguas —incluyendo a Martín Lutero, John Wesley, Charles Finney y D.L. Moody.

En la historia del siglo XIX, se puede relatar el caso de casi una docena de incidentes aislados de hablar en lenguas—en Escocia, Inglaterra, Rusia, Armenia, Suiza, y los Estados Unidos.

Y así, a través de la historia de la Iglesia, casi en cada siglo, hay evidencia de casos de creyentes llenos del Espíritu, quienes manifestaron este don de Dios.

Y aunque tenemos registros de incidentes de hablar en lenguas esparcidos en los primeros años del siglo veinte, el derramamiento de hoy en día se considera haber empezado en 1906 en una pequeña misión en la calle Azusa No. 312, de Los Angeles, California. Y a pesar de que creció como un fuego ardiente, fue, en su mayor parte ignorado, como una novedad pasajera, dentro de la corriente de la cristiandad. Muchos de aquellos que lo recibieron fueron forzados, a causa de malentendidos y por persecución, a formar nuevas iglesias, dando lugar a varias hermandades y denominaciones pentecostales que se hicieron grandes.

Entonces, en los años cincuenta, la experiencia empezó a expandirse a las iglesias tradicionales: Bautista, Metodista, Luterana, Episcopal y otras.

En 1966, el Espíritu comenzó a derramarse notablemente dentro de la iglesia Católica a través de avivamientos en los recintos de las universidades de Duquesne, de Santa María y de Notre Dame. Para inicios de los años setenta, alrededor de cincuenta mil católicos romanos habían recibido el bautismo del Espíritu Santo con la evidencia de hablar en otras lenguas.

En las Filipinas, donde yo tuve el privilegio de participar en los inicios del derramamiento, se reportó que mil sacerdotes y monjas y diez mil laicos habían sido bautizados en el Espíritu en 1976. En 1986, según cifras oficiales de la iglesia Católica, eran cinco millones de católicos romanos quienes se habían llenado con el Espíritu.

No ha habido una denominación cristiana, orden o grupo, que ha faltado en ser tocado por este derramamiento. Es como Dios prometió en su Palabra.[8]

Las bendiciones que esta experiencia ha traído a la Iglesia, el Cuerpo de Cristo, son innumerables: fe renovada, amor, ardor santo, gozo, revelación, poder, unidad y fortaleza, que son las más evidentes. Hay muchas más.

Jesús mismo habló del Espíritu como *"el Consolador",*[9] el que *"convencerá al mundo de pecado, de justicia y de juicio,"*[10] *"el Espíritu de verdad".*[11] *"Él os guiará a toda la verdad,"* dijo. *"Y os hará saber las cosas que habrán de venir".*[12] Él prometió que cuando el Espíritu viniera sobre sus discípulos, ellos tendrían poder para hacer la obra que Él les había encomendado.[13]

Al leer el libro de los Hechos de los Apóstoles, podemos darnos cuenta que frecuentemente se habla del Espíritu, de sus muchos papeles y de sus muchos beneficios para el creyente. ¿Por qué? Porque esta es la dispensación del Espíritu Santo. Lo que hacemos ahora debe ser hecho en el Espíritu, y muchos de los beneficios del Espíritu se descubran por el hablar en lenguas.

No todos los grupos que han recibido el bautismo del Espíritu Santo con el hablar en lenguas se han dado cuenta de todos los beneficios. Algunos grupos le dan al hablar en lenguas un espacio en cada culto. Algunos grupos le dan un espacio sólo en las reuniones de oración. Algunos creen que sólo debe ser utilizado si no hay incrédulos presentes. Otros no le dan lugar en ningún caso en la iglesia, pero lo usan en sus devociones personales. Otros no lo practican nunca. Creen que sólo fue una experiencia inicial, en la cual recibieron el bautismo en el Espíritu Santo.

Un gran grupo en el sur de los Estado Unidos creen que se debe resistir cualquier evidencia del Espíritu hasta que físicamente toma control de la persona y le obliga a actuar sobrenaturalmente. Ellos permanecen de pie rígidamente rehusándose a hablar en lenguas hasta que el Espíritu es tan fuerte sobre ellos que se sacuden o danzan. Ellos se pierden muchas bendiciones maravillosas por su resistencia continua al Espíritu, y su obra.

Una de las experiencias más graciosas que yo tuve en este respecto sucedió en la región de Bicol en las Filipinas durante los años setenta. Habíamos sido llamados a ministrar a un gran grupo de hermanos y hermanas que habían sido bautizados en el Espíritu Santo. Ellos parecían salir de la nada y llenaban una pequeña iglesia en el campo. Pasamos con ellos unos días gloriosos. Una tarde presencié la cosa más extraña:

Dos hermanos estaban el uno frente al otro en el momento de la oración. Los dos tenían sus ojos cerrados. Haciéndose muchas señales con sus manos. Mientras el uno hablaba en lenguas por un momento, el otro permanecía totalmente quieto, como si estuviera escuchando.

Luego, el primer hermano se quedaba quieto y el segundo empezaba a hablar en lenguas, también señalando con sus manos para enfatizar, o ilustrar lo que decía. Y mientras hacía esto, el primero escuchaba.

¿Estaba yo solo?

Me tomó un tiempo darme cuenta que estos hermanos creían que el hablar en lenguas era para tener algún estilo de comunicación mística entre ellos dos. Hablaban y escuchaban en turnos, y en idiomas que ninguno entendía. Sirvió un poco de enseñanza para ayudarles a salir de este error. Aunque era una niñería, todavía era una equivocación; y por la enseñanza, aprendieron a usar el don correctamente.

He visto derramarse el Espíritu en más de cincuenta países. Y también he visto mucha confusión y mala enseñanza sobre el tema. Es complicado por el hecho de que hay muy poco escrito sobre el hablar en lenguas, y lo que se ha escrito, a menudo es ambiguo y confuso. Esto me llevó, hace muchos años, a una enseñanza simple y corta acerca de lo que la Biblia dice sobre el hablar en lenguas.

Esta experiencia transformó mi vida, de modo que yo deseaba saber lo que Dios decía sobre ello, y quise poder enseñar a otros que tuvieran el mismo deseo. Quería dar respuesta a preguntas como:

—¿Qué es hablar en lenguas?

—¿Cuál es el propósito de hablar en lenguas?

—¿Cuándo está el hablar en lenguas "fuera de orden"?

—¿Por qué puso Pablo reglas sobre el hablar en lenguas?

—¿Qué papel desempeña el hablar en lenguas en la vida cristiana individual?

—¿Qué parte tiene el hablar en lenguas dentro de la asamblea de la iglesia?

—¿Por qué es el hablar en lenguas un asunto de tanta controversia dentro de los diferentes grupos cristianos?

—¿Por qué Satanás quiere desanimarnos para que no hablemos en lenguas?

—¿Qué otras manifestaciones legítimas acompañan la obra del Espíritu Santo?

—¿Por qué Dios escogió el hablar en lenguas como la evidencia del bautismo del Espíritu Santo?

A través de los años, el Señor ha respondido a todas las preguntas y me ha ayudado a enseñar a otros en palabras simples que todos pueden entender. En los capítulos que vienen, me esforzaré en compartir estas verdades con ustedes.

- 3 -

Entendiendo la experiencia

Nunca me he avergonzado de hablar en lenguas. De tal manera esta experiencia sobrenatural ha cambiado mi vida que yo la comparto en todo lugar a donde voy. Nunca he dejado de hablar en lenguas desde aquella Noche Buena maravillosa de 1960. Estoy seguro que esta experiencia es para todos los creyentes, y le atribuyo gran parte del crédito por cualquier fruto que haya permanecido donde el Señor me ha utilizado en los campos misioneros del mundo. Por este motivo, me ha causado tristeza ver que muchos en el pueblo de Dios tienen un conocimiento limitado de los usos del hablar en lenguas.

Algunas iglesias, que deberían tener mejor conocimiento, nunca animan a su pueblo a hablar en lenguas. Y, cuando nosotros descuidamos el hablar en lenguas o abiertamente lo prohibimos en nuestras iglesias, estamos descuidando, o prohibiendo, la llenura del Espíritu Santo, porque el hablar en lengua es una de la manifestaciones de Él.

Uno de los grandes obstáculos para entender la enseñanza del hablar en lenguas lo constituye el hecho de que la Biblia habla acerca de tres usos por separado del hablar en lenguas y hace poca, o ninguna, distinción entre ellos. Se deja enteramente al lector el distinguir cuál es cuál. Hay veces en que uno está en orden, y el otro no. Por lo tanto, es importante comprender todos los tres. Para ello, trataremos el tema en detalle, pero primero, vamos a retroceder nuestros pasos para poner un buen fundamento.

¿Qué es el hablar en lenguas?

¿Qué es el "hablar en lenguas"? En una instancia la Biblia lo llama *"nuevas lenguas"*.[14] En otro caso la Biblia lo llama *"otras lenguas"*.[15] En otra ocasión encontramos la frase *"diversos géneros de lenguas"*[16] o *"don de lenguas"*.[17] Y en otra instancia se utiliza, la frase *"lengua extraña"*.[18]

Entendiendo la experiencia 47

En cada uno de estos casos el significado simplemente es que la persona que habla utiliza con fluidez un idioma que él o ella nunca ha aprendido, el hablar de manera sobrenatural. El idioma que se hable pudiera ser uno de los principales idiomas en el mundo, o bien pudiera ser un dialecto relativamente desconocido del Asia o de las muchas islas del mar. Pudiera ser un lenguaje de la antigüedad conocido solamente por un contado número de estudiosos; o pudiera ser, como Pablo dice en Corintios, *"lenguas ... angélicas"*.[19] En cualquiera de estos casos la lengua sería *"nuevas lenguas"*, *"otras lenguas"* o *"diversos géneros de lenguas"*. Es una lengua extraña porque la persona que habla no sabe lo que está diciendo. Pudiera ser, como sucede ocasionalmente, que alguien presente pudiera comprender lo que se está diciendo, habiendo aprendido de antemano el idioma que se está hablando. Esto es lo que sucedió el día de Pentecostés.[20]

Cuando yo estaba ministrando en Semarang, Indonesia, una mañana en 1964, una hermana joven, de la China, quien no sabía inglés, habló claramente una frase en inglés varias veces.

Un buen amigo, Simeón Lepasana de Manila, recibió el bautismo del Espíritu Santo en Hong Kong y hablaba mandarín con fluidez. Tanto S.K. Sung, el Director Internacional del la Hermandad de Hombres de Negocios del Evangelio Completo, como un misionero, Gwen Shaw, quienes estaban presentes, comprendieron lo que estaba diciendo.

Mi esposa, antes de que nos casáramos, recibió el bautismo del Espíritu Santo en la casa de mis padres. Ella habló en hindú, el idioma de la India, agradeciendo a Dios. Ruth Heflin, quien había aprendido esas palabras de alabanza en la India, estaba con ella en la habitación en esos momentos.

Hablar en lenguas siempre implica un idioma. Ya sea un idioma de mayor uso, de menor uso, angelical, antiguo o desconocido, siempre será un idioma. Hablar en lenguas no es emitir sonidos incoherentes, ni es sollozar. No es respirar fuertemente. Es hablar en un idioma con fluidez.

Las frases utilizadas por la Biblia *"nuevas lenguas"*, *"otras lenguas"*, *"diversos géneros de lenguas"* y *"lenguas extrañas"*, todos significan lo mismo. *"Diversos"* significa *"varios"*.

El balbuceo de labios que frecuentemente acompaña el Bautismo en el Espíritu Santo no es el hablar en lenguas en sí mismo.[21] El balbuceo de labios no es suficiente. El balbuceo usualmente denota la lucha de la carne de uno para rendirse al deseo del Espíritu de impartir un idioma completo. Aquellos que experimentan el balbuceo de labios deben rendirse más completamente, y hablar decididamente el idioma que el Espíritu les da.

Entendiendo la experiencia

John Sherrill, editor principal de la revista Guide Post a principios de los años sesenta, en una investigación del movimiento de las "lenguas", grabó en una cinta los sonidos pronunciados por cristianos llenos del Espíritu. Entre ellos, él interpuso intervalos de sonidos hechos por su esposa e hijo aparentando que hablaban un idioma. Entonces, él dio la grabación a un panel de expertos en idiomas. Estos expertos fácilmente detectaron las 2 partes falsas a partir de 42 ocasiones en que se hablaba en otras lenguas en la grabación. Su experimento probó que el hablar en lenguas es definitivamente un idioma dado al creyente de manera sobrenatural por Dios.[22]

¿Cuál es el propósito de hablar en lenguas?

¿Con qué propósito Dios da este idioma sobrenatural? ¿Qué de bueno es?

Como mencioné antes, la Biblia nombra tres distintos usos de hablar en lenguas. Vamos a ver cuáles son las diferencias de estas tres manifestaciones, de modo que más adelante, con cada versículo que tiene que ver con el tema, veamos claramente la diferencia entre ellas.

El primer uso de hablar en lenguas es la evidencia del bautismo en el Espíritu Santo. Cuando Pedro predicó en la casa de Cornelio y las personas que estaban presentes fueron llenas con el Espíritu Santo, los hermanos judíos que acompañaban a Pedro se convencieron de la validez de la experiencia porque *"los oían que hablaban en lenguas"*.[23]

El primer propósito de hablar en lenguas es para dar una señal al creyente, y a la Iglesia, que la persona que está hablando ha sido bautizada con el Espíritu Santo.[24]

El hablar en lenguas, como evidencia del bautismo en el Espíritu Santo, nunca está fuera de orden. Cuando en Jerusalén vino el derramamiento del Espíritu en el primer siglo, ciento veinte cristianos hablaron en otras lenguas en voz tan elevado que interrumpieron las festividades del Día Santo. Ellos no pensaron que estaban "fuera de orden" y fueron llamados "ebrios".[25] No podemos limitar a Dios al tiempo o lugar para dar el bautismo en el Espíritu Santo, y el hablar en lenguas es el resultado natural de aquel bautismo. Por lo tanto, nunca está fuera de orden hablar en lenguas al recibir el bautismo del Espíritu Santo.

Oración en el Espíritu

El segundo propósito de hablar en lenguas es doble: alabanza y oración. Siendo que la alabanza es parte de la verdadera oración, entonces, de manera más simple, podemos decir que el segundo uso del hablar en lenguas es la oración, la comunicación con Dios.

Entendiendo la experiencia 51

Aquellos cristianos que no tienen la llenura del Espíritu están limitados grandemente en su vida de oración. El Espíritu nos levanta a la misma presencia de nuestro Dios, donde podemos comunicarle, en la intimidad, nuestras necesidades y deseos. El Espíritu nos trae a una nueva dimensión en nuestra relación con Él. Aquellos que carecen de la llenura del Espíritu Santo se pierden del privilegio de adorar a Dios en *"espíritu y en verdad"*.[26]

La adoración de aquel, quien está lleno del Espíritu, es espontánea y llena de significado. Aquellos que no tienen esta llenura del Espíritu procuran entrar en la adoración a través de programas y rituales, pero son substitutos pobres. Yo prefiero adorar con los que son llenos del Espíritu porque ellos saben como demostrar su amor a Jesús.

"Orar en el Espíritu" siempre se refiere al segundo uso del hablar en lenguas. Pablo dijo: *"Oraré con el Espíritu, pero oraré también con el entendimiento"*.[27] Esto prueba que cuando él oraba en el Espíritu, él no podía entender lo que estaba orando. El estaba orando en lenguas.

Tanto el orar en el Espíritu como el orar con el entendimiento tienen su lugar. De los dos, sin embargo, orar en el Espíritu es más importante y más fructífero. Judas animaba a las iglesias a orar en lenguas, enseñándoles que así se edificarían en su fe.[28]

Pablo amonesta a los Efesios a orar en lenguas[29] y

declara su valor a la iglesia de Corinto. *"El que habla en lengua extraña a sí mismo se edifica"*.[30] Enseñó a los romanos que nuestra mente finita no puede saber las cosas por las cuales debemos orar. El Espíritu, por lo tanto, *"nos ayuda en nuestra debilidad"*, orando a través de nosotros. La oración en el Espíritu se conforma a la voluntad de Dios, y por lo tanto, obtiene resultados".[31]

El segundo resultado del hablar en lenguas es el edificarse a si mismo. Edifica nuestra fe. Nos hace más espirituales. Nos conforma más a la imagen de Cristo.

Somos bautizados en el Espíritu Santo solamente una vez (a menos que se pierda el bautismo y se busque por segunda vez), y el hablar en lenguas es necesario para confirmar el bautismo del Espíritu Santo. Sin embargo, el segundo uso de hablar en lenguas es un privilegio del creyente y puede ser ejercido por su propio voluntad. Mientras más se aplica, mejor. A menudo es descuidado, y aquellos que experimentan el bautismo en el Espíritu Santo a veces lo pierden, y hasta tienen que volverlo a recibir, porque fallan, sin ejercer su don a través de la oración y la alabanza en el Espíritu. Es el bautismo inicial que nos da poder como cristianos, pero es la oración y la alabanza en el Espíritu que son esenciales para mantener ese fresco y fluyendo poder.

En todo el mundo las iglesias que tienen la llenura del Espíritu están creciendo en número diez veces más sobre las otras. Y esto no es nada nuevo. Las estadísticas del gobierno de los Estados Unidos muestran que entre 1926 y 1936, las iglesias tradicionales en los Estados Unidos perdieron el 8% del total de sus miembros. En el mismo período, las iglesias pentecostales crecieron en un 264%. En 1986, 32 de las 50 iglesias de mayor crecimiento en los Estados Unidos eran pentecostales. Hoy en día, el Espíritu está obrando en las iglesias mayores.[32]

Posiblemente no estarán de acuerdo todos con las clasificaciones que he hecho entre el primero y el segundo uso del hablar en lenguas; y de alguna manera, estoy de acuerdo. La evidencia del bautismo del Espíritu Santo se halla en que la persona quien lo recibe alaba y ora a Dios en lenguas. Por lo tanto, los dos usos son uno, y el mismo. Yo he hecho la separación entre los dos usos para mostrar cuándo suceden y cuándo están, o no, en orden.

Orar o alabar a Dios en lenguas está fuera de orden solamente cuando el que habla lo hace en alta voz, ruidosamente, en la asamblea, apagando algo más que Dios desea hacer en ese momento, como por ejemplo, la predicación, una enseñanza o un testimonio. El creyente que es guiado por el Espíritu no hará tal cosa, porque el Espíritu Santo es un caballero.

Este potencial para uso impropio (lo cual discutiremos más según avancemos) ha llevado a muchas personas a pensar que debemos silenciar el hablar en lenguas, aun cuando es oración y alabanza, en las reuniones de la iglesia. ¡Así no quiere Dios! Estas son nuestras armas más poderosas. Si bien es cierto que la oración en el Espíritu debe usarse en nuestros devociones privados, también es cierto que cuando es usada apropiadamente, puede usarse en cualquier parte y en cualquier momento. Cualquier momento es apropiado para orar o alabar a Dios con voz audible, también es propio hablar en lenguas con voz audible. ¿Y dónde mejor que en el culto de adoración?

Aprenderemos el uso apropiado del hablar en lenguas como oración y alabanza mientras vayamos analizando, versículo por versículo, la enseñanza de la Biblia sobre este tema.

La persona que no ora en el Espíritu difícilmente crecerá en el Señor. No será utilizada con los nueve dones del Espíritu, ni podrá reconocer o entenderlos. Esto nos lleva al tercer propósito del hablar en lenguas.

Un mensaje de Dios

El tercer uso del hablar en lenguas está acompañado por el don de interpretación, y es un mensaje de Dios a los creyentes. Mientras que el orar y alabar en el Espíritu es el creyente hablando a Dios (por el Espíritu), el tercer uso es Dios hablando al creyente (por el Espíritu). Es por eso que debe ser interpretado, debemos entender lo que Dios nos está diciendo.

Esta manifestación del hablar en lenguas es uno de los nueve dones que Dios distribuye a varios individuos en la congregación para el ministerio del cuerpo.[33] ¿Qué es el ministerio del cuerpo? El plan del Nuevo Testamento no es que todo esté en las manos del pastor o de algún líder de la iglesia, sino que los creyentes tengan cada uno algo que puedan ofrecer para ministrar el uno al otro. Un ministerio activo del cuerpo era la razón por el crecimiento fantástico de la iglesia primitiva. Una carencia del ministerio del cuerpo es la razón, por la cual, la iglesia del siglo XX está perdiendo terreno con relación a la explosión demográfica.

Para comprender mejor este tercer uso del hablar en lenguas, necesitamos primeramente echar un vistazo a los nueve dones como un todo.

Los nueve dones del Espíritu se dividen comúnmente en tres grupos —los dones de revelación, los dones de acción y los dones hablados. A veces se utilizan otros términos para nombrar los mismos grupos, tales como: dones intelectuales, dones de poder, y dones de inspiración, o: pensar los pensamientos de Dios, hacer las obras de Dios, y hablar las palabras de Dios. (Posiblemente "dones intelectuales" es una frase erróneo, siendo que las bendiciones de Dios nunca llegan a través del intelecto. Dios sobrepasa nuestro intelecto en el ejercicio de los nueve dones del Espíritu).

Los dones de revelación

Los tres dones de revelación son la palabra de conocimiento, la palabra de sabiduría y el discernimiento de espíritus. Son exactamente lo que parecen ser. Dios no nos imparte, de pronto, todo su conocimiento. Él nos da solamente un porción pequeña de su conocimiento, una *"palabra"*. Esta *"palabra"* siempre tiene un propósito. Él podría mostrarte el dolor o la enfermedad que está sufriendo alguien, de modo que puedas ministrar la sanidad. Él pudiera mostrarte el pecado en la vida de un hermano, de modo que tú, con gran amor, puedas llevarlo al arrepentimiento. Él pudiera enseñarte el peligro, de modo que puedas evitarlo; el engaño, de modo que puedas eludirlo, etc.

Una palabra de sabiduría de Dios nos dice COMO hacer algo. La sabiduría guía nuestras acciones dándonos discreción. Todos necesitamos más de ello.

El don de *"discernimiento de espíritus"* nos capacita a reconocer no solamente el mover del Espíritu de Dios (porque a veces es extraño y a menudo se atribuya al diablo), sino también las obras de Satanás y sus legiones de demonios. El discernimiento de espíritus nos ayuda a echar espíritus malvados.

A veces, no será manifiesto a otros que estos tres dones están en operación, porque no siempre son obvios.

Los dones de poder

Más obvios son los tres dones de acción (poder): dones de sanidades, el obrar milagros y la fe. El primer don es plural, mostrando que Dios puede utilizar diferentes métodos en diferentes creyentes para el ministerio de sanidad.

¿Cuál es la diferencia entre la sanidad y los milagros? Esta no es una pregunta fácil para contestar, ya que los dones se sobreponen. Cada sanidad es un milagro. Los frutos del don de fe también son milagros. Y el don de milagros también está estrechamente ligado a la sanidad y a la fe.

El don de "milagros" incluye las operaciones sobrenaturales, como milagros de creación (la unión instantánea de huesos rotos, el reemplazo de piezas dentales faltantes), el resucitar a los muertos y el alimentar a las multitudes. Heridas, deformidades y funcionamiento incorrecto del cuerpo son defectos que requieren un milagro para su corrección. El don de milagros, sin embargo, no se limita a las necesidades físicas corporales. Puede producir milagros financieros y el arreglo de hogares, milagros de protección y milagros de liberación.

Probablemente el menos comprendido de los dones espirituales es el don de la fe. A menudo se lo confunde con la fe salvadora,[34] el fruto de fe,[35] o la oración de fe.[36] Una explicación simple empezaría por afirmar la verdad de la escritura: *"conforme a la medida de fe que Dios repartió a cada uno"*.[37] La fe en su forma más simple es la capacidad dada por Dios dentro de cada individuo para creer en un Ser Supremo. Esta fe puede ser alimentada,[38] y puede crecer hasta lograr grandes objetivos. Es esta fe, canalizada apropiadamente, la que nos salva.

La fe como *"fruto del Espíritu"*[39] es otro paso. No es necesariamente una fe que obra milagros. Se refiere a la fe del creyente lleno del Espíritu que ha aprendido a confiar absolutamente en la bondad y providencia de Dios. Proteje el creyente del desanimo frente las dificultades y la persecución. Le da un canto en medio de la tempestad.

El don de fe es una fe especial. Es una fe sobrenatural, que es más allá de la capacidad de la comprensión humana. Cuenta aquellas cosas que no son, como que sí son. Es una semilla de mostaza puesta en nuestros corazones para mover a una montaña prevaleciente.

Los dones hablados

Los dones hablados (de inspiración), nos traen nuevamente al hablar en lenguas. Los dones hablados son la profecía, diversos géneros de lenguas e interpretación de lenguas. Los dos últimos dones se acompañan, van juntos y funcionan juntos.

El tercer uso de hablar en lenguas es una manifestación sobrenatural operando en la congregación (donde dos o más creyentes están reunidos), por medio de la cual Dios da un mensaje a su pueblo, y siempre, sin falta, debe estar acompañado por la interpretación al idioma natural de la congregación.

Aprenderemos más acerca de cómo opera este tercer uso del hablar en lenguas al revisar uno por uno cada versículo de la enseñanza bíblica sobre este tema.

El uso correcto del hablar en lenguas junto con su interpretación nunca está fuera de orden en la asamblea, pero existe el uso incorrecto. Por esta razón las escrituras imponen reglas sobre el hablar en lenguas y veremos cuáles son.

¿Dones o manifestaciones?

¿Pueden los dones ser mal utilizados? Sí pueden. Aquí veremos cómo: Los nueve dones del Espíritu son a menudo llamados manifestaciones. Algunas personas prefieren usar el término "dones" y no manifestaciones. Algunos utilizan "manifestaciones" y no dones. La verdad bíblica es que son tanto dones como también manifestaciones. *"Ahora bien, hay diversidad de DONES, pero el Espíritu es el mismo"*.[40] *"Pero a cada uno le es dada la MANIFESTACIÓN del Espíritu para provecho"*.[41]

Yo estoy lleno del Espíritu Santo. El Espíritu Santo mora en mí. El Espíritu Santo es una persona. El Espíritu Santo puede obrar a través de mí. El Espíritu Santo puede sanar. El Espíritu Santo puede hacer milagros. El Espíritu Santo puede profetizar. El Espíritu Santo puede hablar en lenguas e interpretarlas. El Espíritu Santo puede mostrar cualquiera de todas las nueve manifestaciones, o todas las nueve. Entonces podríamos decir, me he rendido al Espíritu Santo de tal manera que Él me está usando (o Él está manifestándose a sí mismo a través de mí) en un don de sanidad. O, me he rendido al Espíritu Santo de tal manera que Él me está usando o Él se está manifestando a sí mismo a través de mí en el don de profecía.

Así que, cualquier creyente lleno del Espíritu puede poseer, o rendirse al obrar de, cualquiera de los dones espirituales, e inclusive, todos los nueve. Esto depende enteramente de la situación, de lo que Dios desea hacer en un momento específico, y de la voluntad del creyente de rendirse al mo-

Entendiendo la experiencia 61

vimiento del Espíritu. Nuestro intelecto entra en operación solamente en el sentido decidir a favor de la obediencia o por la desobediencia. Todo lo demás es el obrar sobrenatural del Espíritu Santo.

Tampoco podemos negar que estas manifestaciones del Espíritu son dones. Leemos:

"Porque A ESTE ES DADA por el Espíritu palabra de sabiduría; A OTRO, palabra de ciencia según el mismo Espíritu; A OTRO, fe por el mismo Espíritu; Y A OTRO, dones de sanidades por el mismo Espíritu. A OTRO, el hacer milagros; A OTRO, profecía; A OTRO, discernimiento de Espíritus; A OTRO, diversos géneros de lenguas; Y A OTRO, interpretación de lenguas".[42] *Y nuevamente: "Porque de la manera que en un mismo cuerpo tenemos muchos miembros, pero no todos los miembros tienen la misma función, así nosotros, siendo muchos somos un cuerpo en Cristo, y todos miembros los unos de los otros. De manera que, teniendo diferentes DONES según la gracia que nos es dada, si el de profecía, úsese conforme a la medida de la fe; o si de servicio, en servir; o el que enseña, en la enseñanza; el que exhorta, en la exhortación; el que reparte, con liberalidad; el que preside, con solicitud; el que hace misericordia, con alegría".*[43]

Si las manifestaciones del Espíritu fueran solamente manifestaciones, y no dones, podríamos parecernos al asno de Balaam. El Espíritu de Dios se manifestó a través de aquel animal en profecía, pero el asno no tenía el don de la profecía. Los creyentes no son simplemente instrumentos pasivos, a la semejanza de un animal sin voluntad. Los pasajes que acabamos de citar nos muestran plenamente que el creyente recibe un don, y se convierte en un socio activo en la operación de ese don.

Si el modo de operar del Espíritu fuera solamente por las manifestaciones, no hubiera posibilidad de error en su uso. Sin embargo, podemos ver claramente que los dones espirituales pueden ser mal utilizados.[44] La razón es que el instrumento utilizado es humano.

El uso apropiado de los dones

Los dones espirituales no deben ser utilizados de acuerdo a los caprichos del creyente individual, sino deben funcionar como el Espíritu lo desee. A menudo los errores se comenten en la utilización de los dones porque el creyente es novato, porque carece de enseñanza y nunca ha tenido oportunidad para observar a nadie manifestar un don. Estos errores pueden ser el uso del don durante un momento inapropiado y una

Entendiendo la experiencia 63

ejecución inadecuada (tales como sobre énfasis, o la falta de éste, exceso de fuerza en la voz, o falta de ésta) faltando sabiduría o unción. Entre los errores más severos está la falta de amor. Es posible tomar algo útil y bueno y hacer daño con ello. Por esta razón, justamente, Pablo ha dado reglas precautorias.

Debemos notar aquí que, es más a menudo el don de interpretación el que se usa inapropiadamente, y no el don de lenguas. Quisiera continuar enfatizando que no debemos tener miedo de hablar en lenguas. No debemos apagar al Espíritu con el temor de abusar. Eso complacería al diablo, quien ha inspirado a algunos líderes de las iglesias a clamar: "¡Fuera de orden!" "¡Carnal!" "¡Fuego extraño!" Hablar en lenguas se ha convertido en un asunto controversial porque el diablo tiene miedo. Si él puede lograr que nosotros dejamos de hablar en lenguas, él nos podrá quitar nuestra unción del Espíritu Santo. Aprendiendo el uso apropiado de este maravilloso don, podemos retorcer el cuello de Satanás en el lodo. El diablo es un mentiroso y el padre de mentiras.[44] Asegurémonos en la Palabra de Dios que nunca cambia y utilizamos libremente los dones que Él nos ha dado.

La correcta manifestación del hablar en lenguas con la interpretación siempre está en orden.

Excepciones a la regla

A las reglas generales concernientes el hablar en lenguas existan dos excepciones:

La primera excepción es que los dones, aunque son designados para edificar a la congregación de los creyentes, a menudo se utilizan en la evangelización de los perdidos. Los dones de poder son especialmente efectivos para convencer a las personas de religiones paganas que Jesús vive. Los dones de revelación son esenciales para ministrar efectivamente entre los perdidos. He sido testigo del uso efectivo de la profecía, y del hablar en lenguas con interpretación, en el ministerio a los inconversos. Sucede exactamente como Pablo lo describe a los corintios.[45]

La otra excepción es ésta: Existen casos aislados en los cuales el don de lenguas no necesita interpretación. Puedo pensar en dos casos. El primero sucede cuando el mensaje es para un individuo en particular y es dado en un lenguaje que aquel entiende. Entonces el mensaje no necesita tener una interpretación abierta.

En el segundo caso, el mensaje es para un individuo y ese individuo entiende el mensaje en el Espíritu. Nuevamente, no hay necesidad de una interpretación abierta.

Entendiendo la experiencia

La comprensión de lo que Dios ya nos ha dado puede hacernos sentir libres para avanzar en su Espíritu y experimentar cosas mayores que Él tiene preparadas para aquellos que le aman.

- 4 -

La Palabra arroja su luz

Como hemos visto, existen tres usos por separado del hablar en lenguas, y cada uno tiene un propósito:

El primer uso de hablar en lenguas es la evidencia del bautismo del Espíritu Santo y nunca está fuera de orden.

El segundo uso de hablar en lenguas es la oración en el Espíritu, y puede estar fuera de orden solamente cuando el que hace uso de ella sin sabiduría distrae la atención de algo más que el Señor desea hacer en ese momento en particular.

El tercer uso del hablar en lenguas es un mensaje a la asamblea. Debe ir acompañado del don de interpretación de lenguas. Y existen algunas reglas que rigen su uso en la asamblea.

Estamos listos para revisar cada verso en la Biblia que trata sobre el hablar en lenguas.

Isaías 28:11

> *Porque en LENGUA DE TARTAMUDOS, y en EXTRAÑA LENGUA hablará a este pueblo.*

Esta es la promesa de Dios de usar las lenguas como una señal a su pueblo, Israel. Fue cumplida en el día de Pentecostés con el primer derramamiento del Espíritu.[47]

Marcos 16:17

> *Y estas señales seguirán a los que creen: En mi nombre echarán fuera demonios; hablarán NUEVAS LENGUAS.*

Es evidente en estas palabras, directamente de los labios de Jesús, que afirman que hablar en lenguas es importante para cada creyente. Es, según dijo Él, una de las señales de que son creyentes.

En los escritos de Pablo, es claro que no sintió necesidad de tratar el tema de hablar en lenguas

La Palabra arroja luz 71

con mucho detalle, lo que nos lleva a pensar que el hablar en lenguas no era la excepción entre los primeros creyentes. Era algo normal. Se esperaba de los creyentes que tengan un entendimiento de esta experiencia tan amplio como también entendieron su salvación, y por lo tanto podía ser mencionado sin necesidad de entrar en muchas detalles.

En Marcos 16 se refiere al hablar en lenguas como evidencia del bautismo del Espíritu Santo, porque a cada creyente le es ordenado ser lleno con el Espíritu.[48] También este capítulo puede utilizarse para señalar que el hablar en lenguas es oración y alabanza, porque es el privilegio del creyente, y aún más, es la obligación de cada creyente orar en el Espíritu.[49] Además, se podría utilizar esta porción para referirse al hablar en lenguas con interpretación, porque cada asamblea de creyentes debe tener todos los dones espirituales en operación.[50]

Hechos 2:4
Y fueron todos llenos del Espíritu Santo, y comenzaron a hablar en OTRAS LENGUAS, según el Espíritu les daba que hablasen.

Este versículo está apuntando al hablar en lenguas como evidencia del bautismo en el Espíritu Santo en el día de Pentecostés. Es evidente también, que después de recibir el Espíritu Santo, los ciento veinte creyentes que estaban presentes hablaron en lenguas en forma de alabanza al Señor por sus maravillosas obras.[51]

Hechos 2:5-11

Moraban entonces en Jerusalén judíos, varones piadosos, de todas las naciones bajo el cielo. Y hecho este estruendo, se juntó la multitud; y estaban confusos, porque cada uno les oía hablar EN SU PROPIA LENGUA. Y están atónitos y maravillados, diciendo: Mirad, ¿no son galileos todos estos que hablan? ¿Cómo, pues, les oímos nosotros hablar cada uno EN NUESTRA LENGUA en la que hemos nacido? Partos, medos, elamitas, y los que habitamos en Mesopotamia, en Judea, en Capadocia, en el Ponto y en Asia, en Frigia y Panfilia, en Egipto y en las regiones de Africa más allá de Cirene, y romanos aquí residentes, tanto judíos como prosélitos, cretenses y árabes, les oímos HABLAR EN NUESTRAS LENGUAS las maravillas de Dios.

Este fue el cumplimiento de la profecía de Isaías. Como última señal a un pueblo no creyente, Dios permitió que incultos e ignorantes pescadores y amas de casa, todos seguidores del despreciado Nazareno, hablaran en las lenguas de los judíos

La Palabra arroja luz 73

peregrinos que estaban presentes en aquellas fiestas.[52]

En ocasiones, en la actualidad, el hablar en lenguas que uno nunca ha aprendido ha sido utilizado para hablar a los incrédulos, como lo fue en el día de Pentecostés. El propósito primordial no es el predicar el Evangelio, como algunos han sugerido. Los creyentes del primer siglo probablemente no estaban predicando. Ellos estaban hablando de "las maravillas de Dios". Esto probablemente sólo significa que estaban alabando a Dios. Casos de hablar milagrosamente en lenguas con el propósito de comunicar algún mensaje (sin el don de interpretación) han sido escasos durante la historia de la Iglesia.

Hechos 8:14-15

Cuando los apóstoles que estaban en Jerusalén oyeron que Samaria había recibido la palabra de Dios, enviaron allá a Pedro y a Juan; los cuales, habiendo venido, oraron por ellos para que recibiesen el Espíritu Santo.

El hablar en lenguas no se menciona específicamente en este capítulo. Sin embargo se infiere que sí hubo la manifestación. Hubo algo obviamente sobrenatural, de tal manera que Simón ofreció dinero a los apóstoles para tener el mismo poder.

Hechos 9:17

Fue entonces Ananías y entró en la casa, y poniendo sobre él las manos, dijo: Hermano Saulo, el Señor Jesús, que se te apareció en el camino por donde venías, me ha enviado para que recibas la vista y seas lleno del Espíritu Santo.

No se registra aquí que Pablo hablara en lenguas. Más adelante él escribió a los Corintios diciendo: *"Doy gracias a Dios que hablo en lenguas más que todos vosotros".*[53] De modo que sabemos que él hablaba en lenguas.

Hechos 10:44-46

Mientras aún hablaba Pedro estas palabras, el Espíritu cayó sobre todos los que oían el discurso. Y los fieles de la circuncisión que habían venido con Pedro se quedaron atónitos de que también sobre los gentiles se derramase el don del Espíritu Santo. Porque los oían que HABLABAN EN LENGUAS, y que magnificaban a Dios.

En Cesarea, los creyentes experimentaron tanto el hablar en lenguas como evidencia inicial del bautismo del Espíritu Santo y también como ora-

La Palabra arroja luz 75

ción y alabanza. Inicialmente Pedro había resistido el llamado que Dios le hizo en la azotea cuando le dio la visión del lienzo que bajaba del cielo. Nada *"inmundo"* jamás había entrado en su boca. El que los gentiles pudieran recibir el don del "Dios de los judíos" era inconcebible. Esta señal que acompañó al bautismo para él era importante como una confirmación. Tal vez conozcamos a personas que sentimos que no son dignas de recibir tal don de Dios.

Más tarde, sin embargo, ante el Concilio en Jerusalén, Pedro hizo uso de los eventos de este día y de la milagrosa señal de confirmación como un medio para convencer a sus hermanos del amor de Dios a todos los hombres.[54]

Hechos 19:6
> *Y habiéndoles impuesto Pablo las manos, vino sobre ellos el Espíritu Santo; y HABLABAN EN LENGUAS, y profetizaban.*

Por tercera ocasión en el libro de los Hechos, esta vez en Efeso, se registra que el hablar en lenguas fue la evidencia de que ciertos creyentes habían sido bautizados con (o en) el Espíritu Santo. Aunque aquí se habla del don de profecía, no se menciona el hablar en lenguas con la interpretación.

Un resumen del tema de hablar en lenguas según se presenta en el libro de los Hechos

Es interesante resumir los cinco eventos relacionados con el hablar en lenguas que se registran en Hechos de los Apóstoles, el único libro del Nuevo Testamento que desarrolla la historia de la Iglesia.

Los involucrados eran: (1) los ciento veinte creyentes en el día de Pentecostés,[55] (2) los creyentes samaritanos,[56] (3) Saulo de Tarso,[57] (4) los creyentes gentiles en la casa de Cornelio,[58] (5) y ciertos discípulos de Juan el Bautista.[59]

Las ciudades donde esto ocurrió (en el mismo orden) fueron: Jerusalén, Samaria, Damasco, Cesarea y Efeso.

En tres de estas ocasiones, se registra específicamente que todos los presentes hablaron en lenguas: los ciento veinte creyentes en Jerusalén, los creyentes gentiles en Cesarea, y los discípulos de Juan en Efeso.

En las otras dos instancias, se implica que hablaron en lenguas. Cuando Pedro y Juan pusieron sus manos sobre los samaritanos, que se habían convertido en el avivamiento de Felipe, algo tan obviamente sobrenatural sucedió que Simón les ofreció dinero para tener el mismo poder.[60] El mis-

La Palabra arroja luz 77

mo Pablo recibió el bautismo del Espíritu Santo en Damasco a través del ministerio de Ananías. Y aunque no se registra en el capítulo 9 que Pablo habló en lenguas, más tarde él escribió a los corintios diciendo: "Doy gracias a Dios que hablo en lenguas más que todos vosotros".[61] Así que, sabemos que él hablaba en lenguas.

Romanos 8:26
> *Y de igual manera el Espíritu nos ayuda en nuestra debilidad; pues qué hemos de pedir como conviene, no lo sabemos, pero el Espíritu mismo intercede por nosotros con GEMIDOS INDECIBLES.*

Algunas ediciones traducen *"gemidos"* como *"lenguas"*. Esta es una promesa poderosa acerca del hablar en lenguas como oración. El Espíritu ora a través de nosotros, aún supliendo nuestra falta de conocimiento sobre qué exactamente debemos orar. Por ejemplo, si alguna persona, amada para nosotros, está en peligro, usualmente no tendremos manera de saberlo hasta que fuera muy tarde. Pero Dios sabe y puede orar a través de nosotros, intercediendo por esa persona en el Espíritu. Y orar en lenguas es orar de acuerdo a la voluntad perfecta de Dios.

Romanos 12:4-8:

Porque de la manera que en un cuerpo tenemos muchos miembros, pero no todos los miembros tienen la misma función, así nosotros, siendo muchos, somos un cuerpo en Cristo, y todos miembros los unos de los otros. De manera que, teniendo diferentes dones, según la gracia que nos es dada, si el de profecía, úsese conforme a la medida de la fe; o si de servicio, en servir; o el que enseña, en la enseñanza; el que exhorta, en la exhortación; el que reparte, con liberalidad; el que preside, con solicitud; el que hace misericordia, con alegría.

Aquí no se menciona el hablar en lenguas. Esta no es una lista de los dones del Espíritu, aunque la profecía sí se menciona. Esta es una descripción de la variedad de llamados especiales que Dios da a su pueblo. Para algunos, su especialidad es dar. Para otros, es mostrar misericordia.

1 Corintios 12

Versículo 1

No quiero, hermanos, que ignoréis acerca de los dones espirituales.

Es triste decir, mas un gran número de creyentes

La Palabra arroja luz

de hoy en día ignoran el tema de los dones espirituales.

Versículos 2-3

Sabéis que cuando erais gentiles, se os extraviaba llevándoos, como se os llevaba, a los ídolos mudos. Por tanto, os hago saber que nadie que hable por el Espíritu de Dios llama anatema a Jesús; y nadie puede llamar a Jesús Señor, sino por el Espíritu Santo.

Esta es una regla general para detectar a aquellos que son, y a aquellos que no son, del Espíritu de Dios.

Versículos 4-7

Ahora bien, hay diversidad de dones, pero el Espíritu es el mismo. Y hay diversidad de ministerios, pero el Señor es el mismo. Y hay diversidad de operaciones, pero Dios, que hace todas las cosas en todos, es el mismo. Pero a cada uno le es dada la manifestación del Espíritu para provecho.

El Espíritu obra de muchas maneras diferentes, y no debemos esperar todos hacer las mismas cosas cuando somos utilizados por el Espíritu. Sin embargo, cada creyente debe manifestar algunos dones espirituales.

Hablando en lenguas desconocidas

Versículos 8-10

> *Porque a éste es dada por el Espíritu palabra de sabiduría; a otro, palabra de ciencia según el mismo Espíritu; a otro, fe por el mismo Espíritu; y a otro, dones de sanidades por el mismo Espíritu. A otro, el hacer milagros; a otro, profecía; a otro, discernimiento de espíritus; a otro, DIVERSOS GÉNEROS DE LENGUAS; y a otro, interpretación de LENGUAS.*

Esta es una lista de los nueve dones del Espíritu. Aquí por primera ocasión en las Escrituras se menciona *"diversos géneros de lenguas"*. Esto es el hablar en lenguas como un mensaje a la asamblea y está en la lista acompañado por el don de interpretación de lenguas.

¿Es por alguna razón particular que las lenguas y la interpretación de lenguas estén al final de la lista? Ninguna.

Versículo 11

> *Pero todas estas cosas las hace uno y el mismo Espíritu, repartiendo a cada uno en particular como él quiere.*

El Espíritu mismo escoge quién, y en qué lugar, será utilizado cada don en particular.

Versículos 12-27

Porque así como el cuerpo es uno, y tiene muchos miembros, pero todos los miembros del cuerpo, siendo muchos, son un solo cuerpo, así también Cristo. Porque por un solo Espíritu fuimos todos bautizados en un cuerpo, sean judíos o griegos, sean esclavos o libres; y a todos se nos dio a beber de un mismo Espíritu.

Además, el cuerpo no es un solo miembro, sino muchos. Si dijere el pie: Porque no soy mano, no soy del cuerpo, ¿por eso no será del cuerpo? Y si dijere la oreja: Porque no soy ojo, no soy del cuerpo, ¿por eso no será del cuerpo? Si todo el cuerpo fuese ojo, ¿dónde estaría el oído? Si todo fuese oído, ¿dónde estaría el olfato? Mas ahora Dios ha colocado los miembros cada uno de ellos en el cuerpo, como él quiso. Porque si todos fueran un solo miembro, ¿dónde estaría el cuerpo? Pero ahora son muchos los miembros, pero el cuerpo es uno solo. Ni el ojo puede decir a la mano: No te necesito, ni tampoco la cabeza a los pies: No tengo necesidad de vosotros. Antes bien los miembros del cuerpo que parecen más débiles, son los más necesarios; y a aquellos del cuerpo que nos parecen menos dignos, a éstos vestimos más dignamente; y los que en nosotros son menos decorosos, se tratan con más decoro. Porque los que en nosotros son

> *más decorosos, no tienen necesidad; pero Dios ordenó el cuerpo, dando más abundante honor al que le faltaba, para que no haya desavenencia en el cuerpo, sino que los miembros todos se preocupen los unos por los otros. De manera que si un miembro padece, todos los miembros se duelen con él, y si un miembro recibe honra, todos los miembros con él se gozan.*
> *Vosotros, pues, sois el cuerpo de Cristo, y miembros cada uno en particular.*

Cada individuo en el cuerpo de Cristo tiene su lugar en particular, su ministerio particular en el cuerpo. Cada parte del cuerpo debe funcionar apropiadamente o su falta afectará a todo el cuerpo.

Ninguno de los ministerios o dones debe ser descuidado. Cada uno es importante en su lugar. El ministerio del cuerpo, por lo tanto, debe tener un balance de ministerios y dones.

Un hermoso ideal, hacía el que todos podemos trabajar se establece en los versículos 26 y 27, es el sufrir con nuestros hermanos que sufren, y regocijarnos con nuestros hermanos que se regocijan.

Versículo 28
> *Y a unos puso Dios en la iglesia, primeramente apóstoles, luego profetas, lo tercero maestros, luego los que hacen milagros, después los que*

La Palabra arroja luz

sanan, los que ayudan, los que administran, los que tienen DON DE LENGUAS.

Esta es simplemente una lista de ministerios particulares. No hay razón para revisarlos en detalle, mas podemos considerar que está nombrado entre ellos algunos dones. Esto denota el hecho de que algunos individuos son llamados al ministerio de un don en particular. No significa que un apóstol no pueda profetizar, o que alguien que hable lenguas no pueda ministrar a los enfermos. Solamente muestra la especialidad del llamamiento y ministerio. Un profeta estaría muy limitado sin los dones de revelación. Lo mismo ocurre con alguien que obra milagros.

¿Hay alguna razón por la cual las lenguas se nombran al final? Ninguna.

Versículos 29-30:
¿Son todos apóstoles? ¿son todos profetas? ¿todos maestros? ¿hacen todos milagros? ¿Tienen todos dones de sanidad? ¿HABLAN TODOS LENGUAS? ¿interpretan todos?

Obviamente la respuesta a todas estas preguntas es no. "¿No es, entonces, esta porción una contradicción de las afirmaciones anteriores?", alguien podría preguntar. En respuesta decimos, "No, no lo es".

Hay que tomar en cuenta que a la pregunta "¿Hablan todos lenguas?" sigue la pregunta "¿Interpretan todos?" Por esto, se establece claramente que en esta porción la referencia es al hablar en lenguas como un mensaje a la asamblea. El contexto de la lista entera es el de ministerios y dones, no es el de la experiencia personal en la oración. El pasaje nada tiene que ver en absoluto con el hablar en lenguas como evidencia del bautismo en el Espíritu Santo, ni tampoco como oración y alabanza.

Si nos hiciéramos la pregunta: "¿Hablan todos en lenguas cuando reciben el bautismo en el Espíritu Santo?", la respuesta sería: "¡Sí!" Esto concluimos por los relatos de Hechos de los Apóstoles, y por la historia y las experiencias de la actualidad".

Si nos hiciéramos la pregunta: "¿Hablan todos en lenguas de oración y alabanza?", la respuesta sería: "Es su privilegio hacerlo si así lo desee".

Ahora, deberíamos hacer la pregunta: "¿Hablan todos en lenguas e interpretan, trayendo un mensaje de Dios a toda la congregación?", la respuesta sería: "Es completamente posible para todos, los que hayan sido llenos del Espíritu, hacerlo (así de la misma manera que *"podéis profetizar todos"*[62].

Estos dos versículos no contienen una lista de dones espirituales. Mas bien, son una lista de ministerios especiales. De modo que, en realidad la pregunta es: "¿Tienen todos un *ministerio* particular

La Palabra arroja luz

de traer mensajes a la congregación en lenguas?" Y la respuesta es evidente: No. El pasaje no debe aplicarse al hablar en lenguas como evidencia del bautismo del Espíritu Santo ni tampoco al hablar en lenguas como oración y alabanza.

¿Existe alguna razón por la cual las lenguas y la interpretación de lenguas se mencionan al final? No.

Versículo 31
Procurad, pues, los dones mejores. Mas yo os muestro un camino aun más excelente.

Hay una admonición y una promesa: La admonición es buscar los mejores dones. ¿Y cuáles son aquellos *"dones mejores"*? ¿Son los que yo decida? ¿Son los que yo deseo más? ¿Son los que harán que la gente me vea y me aprecie más? ¿O son los que se necesiten más en el momento en particular para ministrar al cuerpo de Cristo y para glorificar al Señor Jesús?

La promesa de este versículo es *"un camino aun más excelente"*. Es extraño, mas este versículo ha sido utilizado por algunas personas para decir que las lenguas no son uno de los dones mejores, y que hay un camino más excelente que las lenguas. ¿Son las lenguas la única cosa que se menciona en el capítulo 12? ¿No se ha dado igual importancia a los otros ocho dones y a los ministerios? ¿Se podría decir que Pablo conocía un camino mejor que los apóstoles, profetas y maestros? No lo creo.

Pablo estaba por presentar el amor de Dios como el elemento más importante del ministerio cristiano, a ser utilizado, no exclusivamente con los dones espirituales, sino en cooperación con los dones espirituales, incluyendo el hablar en lenguas.

1 Corintios 13

Un capítulo entero está dedicado para tratar sobre el hecho de que el AMOR es el factor más importante en la vida y en el ministerio cristiano. Los dones espirituales nunca deben ser utilizados para obtener las metas individuales. Aquellos que intentan utilizar a los dones de esta manera están fuera de orden. Los dones deben ser utilizados COMO EL ESPÍRITU LO DIRIJA, y con un espíritu de amor.

Los siguientes versículos son de interés especial para nuestro estudio:

Versículo 1
Si yo hablase lenguas humanas y angélicas, y no tengo amor, vengo a ser como metal que resuena, o címbalo que retiñe.

La Palabra arroja luz

Este versículo se explica por sí mismo.

Versículo 2
> *Y si tuviese profecía, y entendiese todos los misterios y toda la ciencia, y si tuviese toda la fe, de tal manera que trasladase los montes, y no tengo amor, nada soy.*

Si en el versículo 1 la Palabra de Dios estuviera denunciando al hablar en lenguas como algo inferior, también debería denunciar la ciencia y la fe.

Versículo 3
> *Y si repartiese todos mis bienes para dar de comer a los pobres, y si entregase mi cuerpo para ser quemado, y no tengo amor, de nada me sirve.*

¿Será malo alimentar a los pobres? Tampoco lo es hablar en lenguas.

Versículo 8
> *El amor nunca deja de ser; pero las profecías se acabarán, y cesarán las lenguas, y la ciencia acabará.*

La pregunta es: cuándo fue, cuándo es, o cuándo

será ese momento en que las lenguas *"cesarán"*. Y la respuesta está en el siguiente versículo:

Versículo 10
> *Mas cuando venga lo perfecto, entonces lo que es en parte se acabará.*

¿Será que *"lo perfecto"* se refiere al desarrollo de la Biblia como la Palabra escrita de Dios? ¿Será que después del primer siglo las lenguas y la profecía ya no se necesitaban más? Si eso es cierto, entonces, también *la ciencia* se acabó. Pero no es así, y las profecías no han acabado, ni tampoco han cesado las lenguas. *"Lo perfecto"* se refiere a una era venidera cuando estaremos con el Señor y no habrá necesidad de Sus dones para la Iglesia, porque lo tendremos a El con nosotros y lo sentiremos a El por completo. Eso terminará el período de fe sin vista.

Versículo 11
> *Cuando yo era niño, hablaba como niño, pensaba como niño, juzgaba como niño; mas cuando ya fui hombre, dejé lo que era de niño.*

¿Son los dones espirituales cosas de niño? Por supuesto que no. Sin embargo, se pueden utilizar sin madurez, como se muestra en el siguiente capítulo.

Cualquier cosa buena puede utilizarse de manera incorrecta.

1 Corintios 14

El capítulo 14 sigue adelante con la discusión de los dones espirituales, particularmente con el hablar en lenguas.

Versículo 1
Seguid el amor; y procurad los dones espirituales, pero sobre todo que profeticéis.

Aunque es posible abusar de los dones y utilizarlos de manera egoísta y sin amor, la admonición es *"procurad los dones espirituales"*. El texto sugiere un anhelo, pero un anhelo regido por las reglas de amor del capítulo trece. En la parte final del versículo encontramos el primer síntoma de problemas en el iglesia de los corintios en lo que aparenta ser una utilización incorrecto de las lenguas. Pablo insta a los corintios a desear los dones espirituales, pero es entonces, por vez primera, que señala a un don como importante cuando dice: *"pero sobre todo que profeticéis"*.

A primera vista, los versículos siguientes parecieran ser una condenación general del hablar en lenguas. Pero, haciendo un análisis, del hablar en lenguas no se puede encontrar un solo derogatorio. Solamente porque existe billetes falsificados, ¿dejaríamos el uso de los billetes genuinos? En este caso, en lo natural, dejar de usar billetes sería tonto. Aún más, dejar lo espiritual en su totalidad porque existe usos falsos permitiría a Satanás robarnos nuestros recursos espirituales.

Versículo 2
> *Porque el que HABLA EN LENGUAS no habla a los hombres, sino a Dios; pues nadie le entiende, aunque POR EL ESPÍRITU HABLA MISTERIOS.*

Este versículo deshace mucha de la confusión que rodea el hablar en lenguas. Pablo no estaba diciendo que el hablar en lenguas, en este caso, era un mensaje de Dios a la congregación. No es el hombre quien está hablando a Dios, sino Dios, quien está hablando al hombre. Entonces, él se estaba refiriendo al hablar en lenguas como la oración del Espíritu, la cual no es a los hombres, sino a Dios.

Cuando oramos en el Espíritu, estamos hablando misterios. ¡Qué maravilloso que el Espíritu sobrepase nuestro entendimiento, y por nuestros labios hable misterios de alabanza y oración!

La Palabra arroja luz

Versículo 3

Pero el que profetiza habla a los hombres para edificación, exhortación y consolación.

Muchos creen que la profecía es predecir los acontecimientos del futuro, pero no es así siempre. La Biblia dice que es *"edificación"*, *"exhortación"* y *"consuelo"*. Así que, puede tratar del pasado, del presente o del futuro y nunca debe limitarse a la predicción de acontecimientos venideros.

Versículo 4

El que HABLA EN LENGUA EXTRAÑA, a sí mismo se edifica; pero el que profetiza, edifica a la iglesia.

Lo que edifica a uno mismo es el hablar en lenguas como oración y alabanza. Como un mensaje a toda la iglesia, el hablar en lenguas sí edifica a la congregación en la misma manera que la profecía lo hace.

El hablar en lenguas como oración y alabanza edifica al individuo. El apagarlo es un error. Necesitamos más de ello, no menos. Aparentemente fue mal utilizado entre los corintios, sin embargo, se debe utilizar con sabiduría en la congregación.

La profecía edifica no solamente a la persona que la habla, sino a todos los que la escuchan. Pablo sugirió a los corintios que buscaran los dones espirituales de modo que los demás pudieran lograr ser bendecidos, en vez de que egoístamente se continuaran edificándose sólo a si mismos, descuidando, de esta manera, el ministerio hacia los demás.

Versículo 5
Así que, quisiera que todos vosotros hablaseis en lenguas, pero más que profetizaseis; porque mayor es el que profetiza que el que habla en lenguas, a no ser que las interprete para que la iglesia reciba edificación.

Pablo no estaba procurando disuadir el uso de las lenguas. Al contrario, él animaba a los corintios a hacer mayor uso del don. Quería que todos hablaran en lenguas.

Y esta no es la palabra de Pablo. Es la Palabra de Dios, porque las Escrituras (incluyendo las cartas de Pablo a los corintios) fueron inspiradas por Dios.[63] La conclusión, por lo tanto, es que es la voluntad de Dios que todo creyente hable en lenguas.

Recordemos la pregunta: *"¿Hablan todos en lenguas?"* ¿Tienen todos un ministerio especial de hablar en lenguas con un mensaje de Dios a la congregación? La respuesta sobreentendida es no.

Hubiera sido contradictorio si Pablo hubiera

dicho: "Quisiera que todos tuvieran un ministerio especial de lenguas con un mensaje de Dios". Pues, si fuera así, se eliminaría la necesidad de tener apóstoles, profetas, y todos los demás ministerios.

Entonces, Pablo se estaba refiriendo al hablar en lenguas como oración y alabanza. Literalmente, él estaba diciendo: "Quisiera que todos recibieran el Espíritu Santo para adorar en el Espíritu". Es el privilegio de cada creyente lleno del Espíritu, y la voluntad de Dios, practicar el hablar en lenguas de oración y alabanza.

Algunos han utilizado la parte central de este versículo para respaldar su punto de vista, que el hablar en lenguas es relativamente de poco importancia, siendo uno de los dones menores, e inferior a la profecía. Quisiera que consideremos la frase *"a no ser que"*. Existe una excepción en la parte central de este verso.

La excepción es que las lenguas estén acompañadas de interpretación. En cuyo caso, no son inferiores, entonces, son igualmente importantes que la profecía en la obra que logran.

En la primera parte del versículo Pablo se refiere al hablar en lenguas como oración y alabanza, pero en la parte final, se refiere al hablar en lenguas como un mensaje a la congregación. La profecía es mayor que el hablar en lenguas como oración y alabanza, porque edifica a más que a una persona. La profecía, sin embargo, no es mayor que, sino igual al hablar en lenguas cuando está acompañado por la interpretación. El propósito de ambas, y el resultado, es el mismo.

¿Por qué existen dos maneras en las que Dios, de una manera milagrosa, habla al pueblo? Existen algunas respuestas a esta pregunta:

Existen ocasiones en que los que están presentes se convencerán más de que Dios está hablando si primero escuchan un lenguaje sobrenatural. Es llamativo y, por lo tanto, enfatiza lo sagrado de ese momento.

Hay, también, ocasiones en que es difícil que Dios encuentre personas que se rindan a Él para utilizarlos en profecía, mas la fe de ellos sí les permite ser utilizados en lenguas.

Otra razón pudiera ser que no hay una señal claro para empezar una profecía. Y a menudo, es pasada por alto. Cuando un mensaje en lenguas es dado, se sabe que la interpretación debe seguir, y los creyentes oran por la interpretación.

Hay ocasiones, cuando un grupo de mayor madurez espiritual está presente. Entonces un mensaje en lenguas no es necesario, y consumaría tiempo. Aquellos que sean guiados a hablar una palabra a los que están presentes pueden profetizar directamente.

La Palabra arroja luz 95

Versículos 6-11

Ahora pues, hermanos, si yo voy a vosotros HABLANDO EN LENGUAS, ¿qué os aprovechará, si no os hablare con revelación, o con ciencia, o con profecía, o con doctrina? Ciertamente las cosas inanimadas que producen sonidos, como la flauta o la cítara, si no dieren distinción de voces, ¿cómo se sabrá lo que se toca con la flauta o con la cítara? Y si la trompeta diere sonido incierto, ¿quién se preparará para la batalla? Así también vosotros, si por la lengua no diereis palabra bien comprensible, ¿cómo se entenderá lo que decís? Porque hablaréis al aire. Tantas clases de idiomas hay, seguramente, en el mundo, y ninguno de ellos carece de significado. Pero si yo ignoro el valor de las palabras, seré como extranjero para el que habla, y el que habla será como extranjero para mí.

Cuando el hablar en lenguas se utiliza con el don acompañante de interpretación, la Iglesia recibe edificación. El verso seis, se refiere entonces, al hablar en lenguas como oración y alabanza. El creyente se edifica personalmente, pero nadie más se beneficia. El hablar en lenguas con interpretación cumpliría el requisito de *"revelación"*. Y notemos nuevamente la frase *"a no ser que"*. Hablar en lenguas como oración y alabanza es para el beneficio del creyente individual. El hablar en lenguas con interpretación es para el beneficio de toda la congregación.

Aparentemente, el problema de la iglesia de los corintios era el uso no muy sabio de hablar en lenguas como oración y alabanza. Era una bendición maravillosa, y se edificaron tanto por hablar, que simplemente querían seguir continuamente en lenguas. Se descuidaron de la predicación. Se descuidaron de los testimonios. Faltaron en otras partes importantes del ministerio al cuerpo. En nuestro día sucede lo contrario. La mayoría de grupos se descuidan de las lenguas, buscando mantener el orden en la iglesia. ¿Sería que hacer así es un error mayor que el error de los corintios?

Versículo 12
> *Así también vosotros; pues que anheláis dones espirituales, procurad abundar en ellos para edificación de la iglesia.*

Notemos que no se condena a los corintios. Ellos tenían buenos motivos. Pablo procuraba tan solamente canalizar su pasión para Dios en la dirección correcta. Este es un punto difícil para los pastores: ¿Cómo se puede mantener el orden apropiado en la congregación sin desanimar a los cristianos jóve-

La Palabra arroja luz 97

nes o inmaduros que tienen un verdadero pasión para ser utilizados por Dios, pero que carecen de conocimiento? Cada pastor necesita el don, o el ministerio, de administración para canalizar este pasión hacia un uso apropiado, sin apagarla, y la habilidad y paciencia para enseñar el ejercicio apropiado de los dones del Espíritu.

Versículo 13
Por lo cual, el que habla en lengua extraña, pida en oración poder interpretarla.

Nuevamente, Pablo no desanimaba, sino animaba. Si alguien desea ser utilizado en hablar lenguas, muy bien, pero permitámosle que ore por la interpretación y que *"procure abundar en ellos [los dones] para edificación de la iglesia"*.[64]

Versículo 14
Porque si yo ORO EN LENGUA DESCONOCIDA, mi espíritu ora, pero mi entendimiento queda sin fruto.

Nuevamente Pablo repite la razón por la cual el hablar en lenguas como oración y alabanza, aunque es muy buena para el individuo, no es un beneficio directo a las personas que escuchan.

Versículo 15

> *¿Qué, pues? ORARÉ CON EL ESPÍRITU, pero oraré también con el entendimiento; CANTARÉ CON EL ESPÍRITU, pero cantaré también con el entendimiento.*

Esta es una sugerencia para tener un culto de adoración equilibrado. Pablo no sugirió la omisión del hablar en lenguas como oración y alabanza. Incluyó el cantar en lenguas (*"cantaré con el Espíritu"*). El sugería que el creyente también orara y cantara con su entendimiento.

Siempre ha estado en orden que el pueblo de Dios levante sus voces en oración y alabanza en la congregación, y también está en orden que la congregación al unísono hable en alta voz en lenguas en adoración, u oración, o cántico.

Versículo 16

> *Porque si BENDICES SÓLO CON EL ESPÍRITU, el que ocupa lugar de simple oyente, ¿cómo dirá el Amén a tu acción de gracias? pues no sabe lo que has dicho.*

La razón por la cual la oración y la alabanza y los cánticos con el entendimiento se deben incluir es para aquel *"que ocupan lugar de simple oyente ... pues no sabe lo que has dicho"*. Si no hay tales personas

La Palabra arroja luz 99

(si no hay incrédulos presentes o aquellos creyentes que todavía no tienen el bautismo del Espíritu Santo), entonces está perfectamente en orden una reunión de adoración en el Espíritu (en otras lenguas).

¿Quién ha dicho que siempre debemos tener una predicación en nuestros cultos? ¿Quién ha dicho que debemos seguir cierto orden en el culto? Necesitamos tener más cultos espirituales de oración y adoración. Necesitamos más cultos en que los santos de Dios pueden dejar de pensar en lo temporal, ser levantados a lo espiritual, tener comunión con Dios en el Lugar Santísimo de su Palacio, e interceder allí por nuestras necesidades y las de otros.

Dios debe cansarse de nuestras formalidades, nuestras formas de adoración y nuestro descuido de la adoración espiritual y del ministerio. Tal vez toda adoración a Dios tenga su mérito, pero Dios está buscando adoradores santos.[65] Aquellos que siempre siguen un patrón establecido de adoración están fuera de orden, de acuerdo al Nuevo Testamento. Lo que nosotros vemos como orden pudiera ser un completo caos en los ojos de Dios.

Versículo 17
Porque tú, a la verdad, bien das gracias; pero el otro no es edificado.

Nuevamente, notemos la ausencia de condenación. Lo que estaban haciendo los Cristianos de Corinto (utilizar el hablar en lenguas como oración y alabanza) era bueno. Ellos estaban adorando de verdad. Su falta era descuidar el bienestar de los demás. Así que no excluyamos el hablar en lenguas como oración y alabanza en la congregación. Buscamos equilibrar nuestros cultos.

Versículo 18
> *Doy gracias a Dios que HABLO EN LENGUAS más que todos vosotros;*

¿Qué puede ser más franco que eso? No solamente que no hay condenación del hablar en lenguas en los escritos de Pablo, pero existe un elogio a esta práctica. Pablo estaba agradecido a Dios por el privilegio de ser un cristiano lleno del Espíritu. Él hablaba tanto en lenguas que era más que la congregación entera de los corintios. Él debe haber orado mucho en el Espíritu, todos los días, y esto le hizo a él un gran apóstol.

Dios confió en las manos de Pablo el establecimiento de las iglesias gentiles y la escritura de más de la mitad del Nuevo Testamento. ¿Por qué? Porque Pablo había tomado los grandes recursos espirituales a través de la oración en el Espíritu.

La Palabra arroja luz

Versículo 19

Pero en la iglesia prefiero hablar cinco palabras con mi entendimiento, para enseñar también a otros, que diez mil palabras EN LENGUA DESCONOCIDA.

El hecho de que Pablo hablara en lenguas más que todos los santos en Corinto, y sin embargo, en la iglesia escogiera hablar con su entendimiento, nos muestra que Pablo se estaba refiriendo al hablar en lenguas como oración y alabanza. Él daba gracias a Dios por la oración espiritual que lo edificaba a él mismo, pero era consciente del hecho de que en la congregación existían aquellos que necesitaban instrucción en la fe. Por lo tanto, de su punto de vista, el hablar cinco palabras que pudieran ser comprendidas les haría a los oyentes más bien que hablar diez mil palabras que ellos no pudieran entender. Esto, entonces, no es una condenación del uso de hablar en lenguas en la congregación, sino una enseñanza sobre su uso apropiado.

Antes que Pablo tuviera cinco palabras para hablar, seguramente él necesitaría pasar tiempo edificándose a sí mismo. Pedro dijo al cojo en la puerta la Hermosa: *"Pero lo que tengo te doy"*.[66]

No se puede dar lo que no se tiene. La edificación de uno mismo es necesaria antes que sea posible la edificación del Cuerpo.

Versículo 20

Hermanos, no seáis niños en el modo de pensar, sino sed niños en la malicia, pero maduros en el modo de pensar.

Debemos crecer en las cosas de Dios.

Versículos 21-22

En la ley está escrito: En otras lenguas y con otros labios hablaré a este pueblo; y ni aun así me oirán, dice el Señor. Así que, las lenguas son por señal, no a los creyentes, sino a los incrédulos; pero la profecía, no a los incrédulos, sino a los creyentes.

Estos dos versículos deben tomarse juntos porque su contexto es muy limitado. El versículo 21 es una traducción libre de Isaías 28:11-12, donde Dios prometió dar a Israel una señal milagrosa. Esta profecía se cumplió en el día de Pentecostés.[67]

En aquella ocasión, Dios utilizó las lenguas para hablar a la gran multitud de aquellos que asistían a la celebración del Día Santo en Jerusalén. La señal fue efectiva, y ganó tres mil judíos aquel día. Pablo estaba presentando a los corintios otra razón por la cual Dios escogió el hablar en lenguas como una manifestación espiritual. Era para dar una señal a los judíos (a los que no creían).

En este contexto, el versículo no significa que las lenguas son utilizadas solamente como una señal a los incrédulos. Por lo general, es la iglesia la que reconoce a los creyentes que son bautizados en el Espíritu. Y la parte final del versículo no indica que los incrédulos no pueden obtener algún beneficio de la profecía. Pablo enseñó exactamente lo contrario.[68]

"Los incrédulos" mencionados el versículo 22, por lo tanto, es el pueblo judío, y dar a estos versículos otra aplicación resulta contradictorio.

Versículo 23
Si, pues, toda la iglesia se reúne en un solo lugar, y todos hablan en lenguas, y entran indoctos o incrédulos, ¿no dirán que estáis locos?

Este versículo trata sobre el hablar en lenguas como oración y alabanza. No significa que debemos silenciar nuestra oración y alabanza en el Espíritu cuando están presentes los incrédulos. Si nosotros, sin avergonzarnos, podemos orar en alta voz en nuestro entendimiento en la presencia de incrédulos, no existe razón para avergonzarse o tener miedo de orar en el Espíritu cuando ellos están presentes. Debemos estar seguros, simplemente, que orar en el Espíritu no sea todo lo que hagamos. El incrédulo está presente de modo que hay que dejar que Dios le hable por medio de nosotros, y él debe poder entender lo que Dios le dice.

Versos 24-25:
Pero si todos profetizan, y entra algún incrédulo o indocto, por todos es convencido, por todos es juzgado; lo oculto de su corazón se hace manifiesto; y así, postrándose sobre el rostro, adorará a Dios, declarando que verdaderamente Dios está entre vosotros.

Así es como la profecía puede afectar al incrédulo.

Versículos 26
¿Qué hay, pues, hermanos? Cuando os reunís, cada uno de vosotros tiene salmo, tiene doctrina, TIENE LENGUA, tiene revelación, tiene interpretación. Hágase todo para edificación.

Este es el cuadro del ministerio balanceado del cuerpo. Se puede notar que con las canciones y la predicación de la Palabra (revelación y doctrina) también se menciona en la lista las lenguas y la interpretación. Cada iglesia necesita el balance apropiado en su congregación.

La Palabra arroja luz

Versículo 27
> *Si habla alguno EN LENGUA EXTRAÑA, sea esto por dos, o a lo más tres, y por turno; y uno interprete.*

Como regla, dos o tres mensajes en lenguas con interpretaciones son suficientes en un solo culto, aunque he visto en cultos bien largos que mayor número de mensajes no estaban fuera de orden.

El término *"por turno"* generalmente se define como hacer algo el uno después del otro. Yo siento que cobra mayor significado si lo relacionamos con un banquete. En un banquete chino, por ejemplo, se sirven hasta veinte platos. La comida puede durar dos o tres horas, pero disfrutas de cada momento de ella. Existe un secreto para poder comer tanta comida.

El secreto es que cada plato es diferente del anterior. El banquete nunca se hace monótono. Cada plato es algo nuevo, y si tienes sabiduría, comes poco de cada uno. De esta manera, puedes comer una cantidad sorprendente de comida.

Si te sirvieran veinte platos de pasta, cansarían TANTO, que después de unos pocos platos, te sentirías que no puedes comer ni un solo fideo más. La variedad es la clave.

El banquete cristiano también debe servirse en platos. Una canción que dure dos horas podría dejar exhaustos a los oyentes. Demasiado de cualquier cosa es difícil de digerir, pero servido en platos, es tan placentero para el alma hambrienta.

Por lo tanto, si la reunión inicia con un plato de cántico, después del cual se sirve un plato de lenguas e interpretación, y después sigue otro plato, sería tan apetecible y estaría tan en orden tener otro plato de lenguas e interpretación más tarde en la reunión.

El versículo 27 es solamente una guía general. El tiempo que lleve la reunión determinará cuantos platos se podrán servir efectivamente. Está perfectamente en orden que haya tres mensajes en lenguas con sus interpretaciones seguidos. Y cuando la reunión avance, también estará perfectamente en orden que haya dos o tres mensajes más, con sus interpretación. Sin embargo, y por lo general, en nuestro época, las reuniones no son muy largos.

Versículo 28
Y si no hay intérprete, calle en la iglesia, y hable para sí mismo y para Dios.

¿Debemos desechar mensajes en lenguas si no hay nadie presente quien haya tenido una experiencia pasada de interpretación? No. Se puede interpretar el mensaje que uno mismo ha dado, aunque esto no es siempre lo ideal.

La Palabra arroja luz 107

La voluntad de Dios es trabajar a través de varios, de modo que su voluntad sea confirmada por la boca de dos o tres testigos.[69] Cuando se da un mensaje en lenguas, hay que esperar un momento para que alguien lo interprete. Que no se incurra en el error de interpretarlo directamente. Hagamos una pausa. Entonces, si nadie más se rinde al Espíritu Santo, se puede dar la interpretación uno mismo.

Nunca se debe callar porque simplemente no se tiene la certeza de que hay un intérprete presente. Si te sientes que el Espíritu te urge a dar un mensaje en lenguas, entonces el Espíritu dará la interpretación. Si nadie más la da, entonces podrás hacerlo tú.[70]

Es bueno también estar consciente de que el hablar para uno mismo y hablar con Dios no significa necesariamente estar en silencio.

Versículo 29
Asimismo, los profetas, hablen dos o tres, y los demás juzguen.

Una regla general para las profecías es que también hayan dos o tres, pero es solamente una regla general, ya que *"todos pueden profetizar"*.[71]

El hecho de que se necesite un juez confirma la posibilidad de que se utilicen mal los dones del Espíritu, en este caso la profecía.

¿Quién puede ser un juez apropiado? Un juez apropiado es una persona madura espiritualmente que conozca tanto la Palabra de Dios como las cosas del Espíritu. Un juez tal puede traer claridad a un mensaje que parezca erróneo o confuso, y puede corregir a alguien si parezca que tienen un espíritu erróneo. Toda la profecía y la interpretación de lenguas deben concordar con la Palabra de Dios.

Versículo 30
Y si algo le fuere revelado a otro que estuviere sentado, calle el primero.

En Dios, nadie tiene la exclusividad. El puede moverse a través del más humilde de los creyentes. Y, como dijimos antes, El prefiere confirmar Su Palabra por la boca de dos o tres testigos.[72]

Versículo 31
Porque podéis profetizar todos uno por uno, para que todos aprendan, y todos sean exhortados.

La profecía es para todos, y es para enseñanza y exhortación.

Versículo 32
Y los espíritus de los profetas están sujetos a los profetas.

Uno se puede controlar a uno mismo, y se puede obedecer algunas pocas reglas. Dios le da la palabra, pero es uno quien habla. Hay que hacerlo de manera que a El le agrade.

Versículo 33

Pues Dios no es Dios de confusión, sino de paz. Como en todas las iglesias de los santos.

Esta porción hace un resumen del propósito de toda la enseñanza.

Versículo 34-35

Vuestras mujeres callen en las congregaciones; porque no les es permitido hablar, sino que estén sujetas, como también la ley lo dice. Y si quieren aprender algo, pregunten en casa a sus maridos; porque es indecoroso que una mujer hable en la congregación.

Estoy convencido de que es un error aplicar estos versículos a situaciones que no están dentro de los límites estrechos de la situación que existía en Corinto, donde los hombres se sentaban a un lado del edificio y las mujeres al otro; los hombres eran instruidos (hasta cierto punto), mas las mujeres (la mayoría) sin instrucción. Hay suficientes casos registrados en la iglesia primitiva de mujeres profetizas y de mujeres obreras que cualquier interpretación de este pasaje que las limitaría a las mujeres en el ejercicio del ministerio crearía una contradicción irreconciliable.[73] En Cristo, *"no hay varón ni mujer"*[74]

Claramente, lo ideal es que los hombres ocupan puestos de autoridad en la iglesia; pero, cuando no hay hombres con quienes contar, o cuando las mujeres de que se dispone son espiritualmente más maduras y capaces que los hombres disponibles, o cuando los hombres han rendido el derecho a la autoridad por una falta de determinación para obedecer la voluntad de Dios, entonces las mujeres deben tomar su lugar.

En ninguna manera se debe implicar por medio de estos versículos que las mujeres están limitadas en su ejercicio de los dones del Espíritu.

Algunos sienten que el versículo 35 debe haber sido una pregunta en el texto original, de una serie de preguntas hechas por los líderes de las iglesias a Pablo, y a la cual él respondió:

Versículo 36-37

¿Acaso ha salido de vosotros la palabra de Dios, o sólo a vosotros ha llegado? Si alguno se cree profeta, o espiritual, reconozca que lo que os escrito son mandamientos del Señor.

La Palabra arroja luz 111

Esta es una admonición de tomar seriamente las enseñanzas como *"mandamientos del Señor"*. Nosotros haremos bien en poner atención a ella.

Versículo 38
Mas el que ignora, ignore.

Siento, viendo este versículo, que hay mucha gente que ignora porque quieren ignorar. El comprender trae responsabilidad; por lo tanto, ellos escogen no entender. Es poco lo que podemos hacer para las personas que tienen esta manera de ser.

Versículo 39
Así que, hermanos, procurad profetizar, y no impidáis el HABLAR LENGUAS.

En esta frase final, Pablo nuevamente aconseja a los corintios a desear la profecía de modo que la Iglesia sea edificada, y les advierte que no prohiban a ninguno que hable en lenguas.

Versículo 40
Pero hágase todo decentemente y con orden.

Lo que sea decente y orden depende enteramente de la necesidad espiritual del momento y de la respuesta del Espíritu para llenar esa necesidad. No seamos tan prontos a condenar a nuestros hermanos, o a echar demonios de una hermana porque lo que ella está haciendo no nos parece estar en orden. Tal vez, somos nosotros aquellos que están *"fuera de orden"*.

Más que todo, no condenes a otros si tú mismo no tienes los dones del Espíritu operando en ti. Si te aplicas a la oración y la alabanza en el Espíritu frecuentemente, entenderás mejor lo que está *"en orden"* y lo que no está, según la situación.

Efesios 6.18

ORANDO en todo tiempo con toda oración y súplica EN EL ESPIRITU, y velando en ello con toda perseverancia y súplica por todos los santos.

Esta es una experiencia recomendable.

Judas 20

Pero vosotros, amados, edificándoos sobre vuestra santísima fe, ORANDO EN EL ESPIRITU SANTO.

Hablar en lenguas como oración edifica (*"a sí mismo se edifica"*). Necesitamos más de ello.

- 5 -

Otras manifestaciones comunes del Espíritu

Además de los nueve dones del Espíritu y de los nueve frutos del Espíritu, existen otras manifestaciones comunes del Espíritu. Eran evidentes en la iglesia primitiva y desde aquel entonces han acompañado cada derramamiento del Espíritu en todo el mundo. Si podemos comprender estas manifestaciones, no tendremos temor de ellas. También son de Dios.

A continuación se presentan algunas de las otras

manifestaciones del Espíritu y los pasajes que las confirman:

Alabar a Dios en alta voz

Hebreos 13:15
> *Así que, ofrezcamos siempre a Dios, por medio de él, sacrificio de alabanza, es decir, FRUTO DE LABIOS que confiesan su nombre.*

Salmo 34:1
> *Bendeciré a Jehová en todo tiempo;*
> *Su alabanza estará de continuo EN MI BOCA.*

Salmo 100:4
> *Entrad por sus puertas con ACCIÓN DE GRACIAS, por sus atrios con ALABANZA; Alabadle, BENDECID SU NOMBRE.*

Salmo 150:6
> *Todo lo que respira ALABE A JAH. ALELUYA.*

Lucas 19:37-40
> *Cuando llegaban ya cerca de la bajada del monte de los Olivos, toda la multitud de los discípulos, GOZÁNDOSE, COMENZÓ A ALABAR A DIOS A GRANDES VOCES por*

todas las maravillas que habían visto, diciendo: ¡Bendito el rey que viene en el nombre del Señor; paz en el cielo, y gloria en las alturas!
Entonces algunos de los fariseos de entre la multitud le dijeron: Maestro, reprende a tus discípulos.
El, respondiendo, les dijo: Os digo que si éstos callaran, LAS PIEDRAS CLAMARÍAN.

Cantar alegremente

Salmo 33:3
CANTADLE cántico nuevo;
Hacedlo bien, tañendo con júbilo.

Salmo 81:1
CANTAD CON GOZO A DIOS, fortaleza nuestra;
Al Dios de Jacob aclamad con júbilo.

Salmo 95:1
Venid, ACLAMEMOS ALEGREMENTE A JEHOVÁ;
Cantemos con júbilo a la roca de nuestra salvación.

Salmo 98:4-5
CANTAD ALEGRES a Jehová, toda la tierra;

LEVANTAD LA VOZ, Y APLAUDID, Y CANTAD SALMOS.
CANTAD SALMOS A JEHOVÁ con arpa;
Con arpa y voz de cántico.

Salmo 100:1-2
CANTAD ALEGRES A DIOS, habitantes de toda la tierra.
Servid a Jehová con alegría;
Venid ante su presencia con regocijo.

Aplaudir con las manos

Salmo 47:1
Pueblos todos, BATID LAS MANOS;
Aclamad a Dios con voz de júbilo.

Salmo 98:8
Los ríos BATAN LAS MANOS,
Los montes todos hagan regocijo.

Isaías 55:12
Porque con alegría saldréis, y con paz seréis vueltos; los montes y los collados levantarán canción delante de vosotros, y todos los árboles del campo DARÁN PALMADAS DE APLAUSO.

Levantando las manos

Salmo 63:4
> *Así te bendeciré en mi vida;*
> *En tu nombre ALZARÉ MIS MANOS.*

Salmo 134:2
> *ALZAD VUESTRAS MANOS al santuario,*
> *Y bendecid a Jehová.*

1 Timoteo 2:8
> *Quiero, pues, que los hombres oren en todo lugar, LEVANTANDO MANOS SANTAS, sin ira ni contienda.*

Danzar en el Espíritu

Éxodo 15:20
> *Y María la profetisa, hermana de Aarón, tomó un pandero en su mano, y todas las mujeres salieron en pos de ella con panderos Y DANZAS.*

2 Samuel 6:14
> *Y David danzaba con toda su fuerza delante de Jehová; y estaba David vestido con un efod de lino.*

Salmo 149:3
> *Alaben su nombre CON DANZA;*
> *Con pandero y arpa a él canten.*

Eclesiastés 3:4
> *Tiempo de llorar, y tiempo de reír; tiempo de endechar, y TIEMPO DE BAILAR;*

Jeremías 31:13
> *Entonces la virgen se alegrará EN LA DANZA, los jóvenes y los viejos juntamente; y cambiaré su lloro en gozo, y los consolaré, y los alegraré de su dolor.*

Saltar

2 Samuel 6:16
> *Cuando el arca de Jehová llegó a la ciudad de David, aconteció que Mical hija de Saúl miró desde una ventana, y vio al rey David que SALTABA y danzaba delante de Jehová; y le menospreció en su corazón.*

Hechos 3:8
> *Y saltando, se puso en pie y anduvo; y entró con ellos en el templo, andando, y SALTANDO, y alabando a Dios.*

Reírse

Génesis 21:6

Entonces dijo Sara: Dios me ha hecho REÍR, y cualquiera que lo oyere, SE REIRÁ conmigo.

Job 8:21

*Aún llenará tu boca de RISA,
Y tus labios de júbilo.*

Salmo 126:2

*Entonces nuestra boca se llenará de RISA,
Y nuestra lengua de alabanza;
Entonces dirán entre las naciones:
Grandes cosas ha hecho Jehová con éstos.*

Eclesiastés 3:4

Tiempo de llorar, y tiempo de REÍR; tiempo de endechar, y tiempo de bailar;

Lucas 6:21

Bienaventurados los que ahora tenéis hambre, porque seréis saciados. Bienaventurados los que ahora lloráis, PORQUE REIRÉIS.

Llorar

Salmo 42:3
Fueron mis LÁGRIMAS mi pan de día y de noche, mientras me dicen todos los días: ¿Dónde está tu Dios?

Salmo 126:5-6
Los que sembraron con LÁGRIMAS, con regocijo segarán.
Irá andando y LLORANDO el que lleva la preciosa semilla;
Mas volverá a venir con regocijo, trayendo sus gavillas.

Hechos 20:19
Sirviendo al Señor con toda humildad, y con MUCHAS LÁGRIMAS ... .

2 Corintios 2:4
... os escribí con MUCHAS LÁGRIMAS, no para que fueseis contristados, sino para que supieseis cuán grande es el amor que os tengo.

Alabar juntos en alta voz

Hechos 4:23-24
Y puestos en libertad, vinieron a los suyos y

contaron todo lo que los principales sacerdotes y los ancianos les habían dicho. Y ellos, habiéndolo oído, ALZARON UNÁNIMES LA VOZ A DIOS, y dijeron: Soberano Señor, tú eres el Dios que hiciste el cielo y la tierra, el mar y todo lo que en ellos hay;

Temblar

Jeremías 23:9

A causa de los profetas mi corazón está quebrantado dentro de mí, TODOS MIS HUESOS TIEMBLAN; estoy como un ebrio, y como hombre a quien dominó el vino, delante de Jehová, y delante de sus santas palabras.

Daniel 10:11

Y me dijo: Daniel, varón muy amado, está atento a las palabras que te hablaré, y ponte en pie; porque a ti he sido enviado ahora. Mientras hablaba esto conmigo, ME PUSE EN PIE TEMBLANDO.

Habacuc 3:16

Oí, y se conmovieron mis entrañas; a la voz temblaron mis labios; pudrición entró en mis huesos, y DENTRO DE MÍ ME ESTREMECÍ

Hechos 9:6

El, TEMBLANDO y temeroso, dijo: Señor, ¿qué quieres que yo haga? Y el Señor le dijo: Levántate y entra en la ciudad, y se te dirá lo que debes hacer.

Caer en el Espíritu

Jeremías 23:9

A causa de los profetas mi corazón está quebrantado dentro de mí, todos mis huesos tiemblan; ESTOY COMO UN EBRIO, y como hombre a quien dominó el vino, delante de Jehová, y delante de sus santas palabras.

Juan 18:6

Pero Jesús, sabiendo todas las cosas que le habían de sobrevenir, se adelantó y les dijo: ¿A quién buscáis? Le respondieron: A Jesús nazareno. Jesús les dijo: Yo soy. Y estaba también con ellos Judas, el que le entregaba. Cuando les dijo: Yo soy, retrocedieron, Y CAYERON A TIERRA.

Hechos 9:4

Y CAYENDO EN TIERRA, oyó una voz que le decía: Saulo, Saulo, ¿por qué me persigues?

Hechos 22:7
> *Y CAÍ AL SUELO, y oí una voz que me decía: Saulo, Saulo, ¿por qué me persigues?*

Apocalipsis 1:17
> *Cuando le vi, CAÍ COMO MUERTO A SUS PIES. Y él puso su diestra sobre mí, diciéndome: No temas; yo soy el primero y el último;*

Caer en un trance

Daniel 10:8-9
> *Quedé, pues, yo solo, y vi esta gran visión, y no quedó fuerza en mí, antes mi fuerza se cambió en desfallecimiento, y no tuve vigor alguno. Pero oí el sonido de sus palabras; y al oír el sonido de sus palabras, CAÍ SOBRE MI ROSTRO en un profundo sueño, con mi rostro en tierra.*

Hechos 10:10
> *Y tuvo gran hambre, y quiso comer; pero mientras le preparaban algo, LE SOBREVINO UN ÉXTASIS.*

Hechos 22:17
> *Y me aconteció, vuelto a Jerusalén, que orando en el templo ME SOBREVINO UN ÉXTASIS.*

Tener visiones espirituales

Génesis 46:2
Y habló Dios a Israel en VISIONES DE NOCHE, y dijo: Jacob, Jacob. Y él respondió: Heme aquí.

Joel 2:28
Y después de esto derramaré mi Espíritu sobre toda carne, y profetizarán vuestros hijos y vuestras hijas; vuestros ancianos soñarán sueños, Y VUESTROS JÓVENES VERÁN VISIONES.

Hechos 11:5
Estaba yo en la ciudad de Jope orando, y VI EN ÉXTASIS UNA VISIÓN; algo semejante a un gran lienzo que descendía, que por las cuatro puntas era bajado del cielo y venía hasta mí.

Hechos 16:9
Y se le mostró a Pablo UNA VISIÓN de noche: un varón macedonio estaba en pie, rogándole y diciendo: Pasa a Macedonia y ayúdanos.

Tener sueños espirituales

Números 12:6
> *Y él les dijo: Oíd ahora mis palabras. Cuando haya entre vosotros profeta de Jehová, le apareceré en visión, EN SUEÑOS hablaré con él.*

Joel 2:28
> *Y después de esto derramaré mi Espíritu sobre toda carne, y profetizarán vuestros hijos y vuestras hijas; vuestros ancianos SOÑARAN SUEÑOS, y vuestros jóvenes verán visiones.*

Mateo 2:12
> *Pero siendo avisados POR REVELACIÓN EN SUEÑOS que no volviesen a Herodes, regresaron a su tierra por otro camino.*

Mateo 2:22
> *Pero oyendo que Arquelao reinaba en Judea en lugar de Herodes su padre, tuvo temor de ir allá; pero avisado POR REVELACIÓN EN SUEÑOS, se fue a la región de Galilea.*

- 6 -

El pentecostés en América del Sur

Antes del siglo XX, el movimiento pentecostal en América del Sur era tan pequeño, y la iglesia católica, que dominaba desde los tiempos de la Colonia, estaba tan cerrada a las enseñanzas bíblicas, que la famosa Conferencia Misionera de Edimburgo en 1910 decidió dejar completamente de lado a América del Sur como campo misionero. Sin embargo, esta decisión no impidió el gran despertar espiritual de los tiempos modernos.

Las noticias de un explosivo avivamiento de fuego pentecostal, que empezó a llover sobre Chile, no les había alcanzado todavía. La lluvia siguió por toda América del Sur, y en las siguientes décadas causó un crecimiento asombroso de la cristiandad evangélica que jamás fuera igualado en tiempos modernos. Hasta la próxima generación, uno de cada tres evangélicos en Sudamérica era pentecostal. El número de protestantes activos se multiplicó trescientos cuarenta veces, mientras que la población creció apenas 2,5%.

Todo comenzó de la siguiente manera: (Permítame advertir al lector que las estadísticas que se presentan a continuación son algo antiguas y que el crecimiento de la iglesia hoy en día es aún más sorprendente). Pero déjenme contarles la historia interesante detrás de este movimiento.

Minnie Abrams, una colega de Pandiat Rambabai en Mukti, India, escribió a su antigua compañera de entrenamiento misionero, W.C. Hoover, reportando un extraño despertar en la India. La señora Hoover era la esposa de un pastor episcopal metodista en Valparaíso, Chile. Los Hoover estaban tan emocionados por estas noticias que animaron a la congregación de Valparaíso a separar un tiempo especial de oración y ayuno; y ayunaron y oraron por más de un año.

A principios de 1909, una reunión poco usual

El pentecostés en América del Sur 135

entre los metodistas encendió la chispa del avivamiento que iba a extenderse a Chile y a toda Sudamérica. La gente estaba tan deseosa delante de Dios que en una reunión en particular, todos simultáneamente empezaron a clamar a Dios en voz audible. Sus oraciones fueron contestadas. En seis semanas hubo una manifestación notoria de nuevas lenguas en la congregación. Sueños y visiones se reportaron. Y otras manifestaciones siguieron.

El Directorio Misionero de la Iglesia Episcopal Metodista se dividió sobre el tema de hablar en lenguas, y el Reverendo Hoover se vio obligado a liderar la congregación de una nueva e independiente hermandad indígena, a quien llamó la Iglesia Metodista Pentecostal.

Los periódicos reportaron los hechos que siguieron, algunos con seriedad, otros con burla y ridículo. Pero el ridículo no impidió lo que Dios estaba haciendo. La asistencia en la pequeña iglesia aumentó de ciento cincuenta a novecientos.

El pastor Hoover fue arrestado y juzgado en una corte bajo el cargo de que estaba dando a su congregación una bebida tóxica extraña llamada "la sangre del Cordero". El caso fue rechazado por la corte.

Hoy en día, la iglesia Metodista Pentecostal es la más grande de Chile. Tiene más de medio millón de miembros. Cuatro cientos mil de ellos son adultos activos. Las tres cuartas partes de todos los evangélicos en Chile son pentecostales. Suman por lo menos 750.000.

En Brasil, la iglesia de las Asambleas de Dios tiene 700.000 miembros adultos activos y 300.000 más simpatizantes. Ellos ostentan la congregación más grande en Río de Janeiro, con más de 7.000.

Igreja Christiano do Brazil (La Iglesia Cristiana de Brasil), otro grupo pentecostal, tiene 1.770 edificios, entre propios y alquilados, con, por lo menos, 250.000 miembros adultos activos. En 1964, bautizaron 4.187 nuevos convertidos en su iglesia central en Sao Paulo.

Brazil Paro Cristo (Brasil para Cristo) tiene solamente 10 años de existencia, pero por lo menos 100.000 adultos activos y mil iglesias que se sostienen por sus propios medios. A finales de la década de los años '60, ellos construyeron (con dinero de Brasil) lo que en esa entonces era el edificio más grande para una iglesia en el mundo entero. Cubría tres manzanas y tenía una capacidad para 25.000 personas.

Hasta 1930, Brasil sólo tenía 69.527 cristianos evangélicos registrados. Veinte años más tarde, Brasil tenía 1'657.524 evangélicos registrados. Diez años más tarde la cifra creció, y se sumaron 100.000 más. De 1937 a 1961, la comunidad evangélica del Brasil creció de medio millón a tres y medio millones. En 1937, el número total de iglesias llegó a 1.618. En 1961, hubieron 11.328.

Los hechos reportados en otros países de Sudamérica fueron similares. De 1916 a 1961, los evangélicos en Sudamérica crecieron 340 veces y más. La comunidad cristiana creció 830 veces. Las iglesias organizadas crecieron 320 veces. Lo sorprendente es que, como antes dije, estas cifras están caducadas. Las cifras actuales son aún más sorprendentes.

¿Cuáles son las razones? Los no pentecostales encuentran algunas: el ardor, lo sobrenatural, la humildad y el ministerio del cuerpo. Mientras que las iglesias tradicionales se han atascado en los requisitos especiales y las reglas para sus obreros que funcionan dentro de la iglesia, haciendo que el servicio, como obrero de la iglesia, se vuelve una profesión especializada, alcanzable por pocos. En cambio, los pentecostales animan a todos los que desean servir y ministrar con dones, a que salgan y hagan algo para Dios. Esto ha resultado en un movimiento voluntario, y espontáneo, que comprometa a todos los miembros. ¿No es este el plan del Nuevo Testamento?

Después de la edición de 1972 de este libro, tuve el privilegio de pasar ocho años en Sudamérica, como misionero en Ecuador. La gigantesco posdata que debe añadirse es, que los primeros años de la década de los 70, el Señor empezó a derramar su Espíritu sobre la Iglesia Católica, y por toda Sudamérica. Hoy en día existen comunidades de católicos llenos del Espíritu que continúan prosperando. En lugares donde hubo resistencia al Espíritu, decenas de miles dejaron la iglesia para formar nuevas agrupaciones independientes. ¡Pentecostés, que es la obra del Espíritu Santo en nuestras vidas, sí hace la diferencia!

- 7 -

¿Por qué escogió Dios esta señal sobrenatural?

¿Por qué escogió Dios el hablar en lenguas como evidencia del bautismo en Espíritu Santo y como un recurso continuo de poder espiritual para el creyente lleno del Espíritu? Es una manifestación tan poco usual. La simple idea de esto causa miedo en algunas personas. Tienen miedo de esos "que hablan en lenguas". No los culpo.

Dios había tenido su razón para hacer el hablar en lenguas tan importante, y creo que la Biblia nos indica cuál podría ser esta razón. Vemos un indicio en Santiago 3:2-13:

> *Porque todos ofendemos muchas veces. Si alguno no ofende EN PALABRA, éste es varón perfecto, capaz también de refrenar todo el cuerpo.*
>
> *He aquí nosotros ponemos freno en la boca de los caballos para que nos obedezcan, y dirigimos así todo su cuerpo. Mirad también las naves; aunque tan grandes, y llevadas de impetuosos vientos, son gobernadas con un muy pequeño timón por donde el que las gobierna quiere. Así también LA LENGUA es un miembro pequeño, pero se jacta de grandes cosas. He aquí, ¡cuán grande bosque enciende un pequeño fuego! Y la lengua es un fuego, un mundo de maldad. LA LENGUA está puesta entre nuestros miembros, y contamina todo el cuerpo, e inflama la rueda de la creación, y ella misma es inflamada por el infierno.*
>
> *Porque toda naturaleza de bestias, y de aves, y de serpientes, y de seres del mar, se doma y ha sido domada por la naturaleza humana; pero ningún hombre puede domar LA LENGUA, que es un mal que no puede ser refrenado, llena de veneno mortal.*
>
> *Con ella bendecimos al Dios y Padre, y con ella*

¿Por qué Dios escogió esta señal sobrenatural?

> *maldecimos a los hombres, que están hechos a la semejanza de Dios. De una misma BOCA proceden bendición y maldición. Hermanos míos, esto no debe ser así. ¿Acaso alguna fuente echa por una misma abertura agua dulce y amarga? Hermanos míos, ¿puede acaso la higuera producir aceitunas, o la vid higos? Así también ninguna fuente puede dar agua salada y dulce.*
>
> *¿Quién es sabio y entendido entre vosotros? Muestre por la buena conducta sus obras en sabia mansedumbre.*

Cuando el Espíritu de Dios toma control del hombre, aparentemente, la última cosa de la que toma control es la lengua. Entonces, como una prueba de que ha tomado posesión de este vaso, El toma la lengua *"que es un mal que no puede ser refrenado"*, *"inflamada por el infierno"*, que *"ningún hombre puede domar"*, *"un mundo de maldad"*, que *"contamina todo el cuerpo"*, y hace que hable alabanzas a Dios en un lenguaje que nunca antes ha hablado.

¿No es maravilloso? ¡Gloria a su Santo Nombre por siempre y para siempre!

- 8 -

Notas finales

Con el deseo de que este libro sea sencillo, y que ayuda a mucha gente para recibir el favor de Dios a través del bautismo del Espíritu Santo, comprendiendo lo que ellos han recibido, hemos decidido mantener la enseñanza breve y directa. A continuación hay algunas referencias Bíblicas, al igual que referencias a libros y revistas que pueden ayudar al lector que desea profundizarse en este tema.

1. Hechos 1:13-15 y 2:4.
2. Hechos 8:4-17.
3. Hechos 9:17 y 1 Corintios 14:18.
4. Hechos 10:44-47.
5. Hechos 19:6-7.
6. 1 Corintios 14:9, 16-17, 23 y 26
7. Ranaghan, Kevin & Dorothy; *Catholic Pentecostals*; New York: Paulist Press, 1969.
8. Vea Hechos 2:17.
9. Juan 16:7.
10. Juan 16:8.
11. Juan 16:13.
12. Ibid.
13. Hechos 1:8.
14. Marcos 16:17.
15. Hechos 2:4.
16. 1 Corintios 12:10.
17. 1 Corintios 12:28.
18. 1 Corintios 14:4.
19. 1 Corintios 13:1.
20. Hechos 2:6-12.
21. Isaías 28:11.
22. Sherrill, John L.; *They Speak With Other Tongues*; Old Tappen NJ; Fleming H. Revell Company, 1964.
23. Hechos 10:46.
24. Si tú nunca has sentido la necesidad de ser

Notas finales 145

bautizado con el Espíritu, debes leer pasajes como Marcos 16:17-18, Juan 14:26, Hechos 1:8, 8:15-17, 9:17, 19:1-7 y Efesios 5:18.
25. Hechos 2:13 & 15
26. Juan 4:24 y 1 Corintios 14:15.
27. 1 Corintios 14:15.
28. Judas 20.
29. Efesios 6:18.
30. 1 Corintios 14:4.
31. Romanos 8:26-27.
32. Se dan más detalles en el capítulo 6.
33. 1 Corintios 12:8-11.
34. Efesios 2:8.
35. Gálatas 5:2.
36. Santiago 5:15.
37. Romanos 12:3.
38. Romanos 10:17.
39. Gálatas 5:22.
40. 1 Corintios 12:4.
41. 1 Corintios 12:7.
42. 1 Corintios 12:8-10.
43. Romanos 12:4-7.
44. La acometida completa de 1 Corintios 13.
45. Juan 8:44.
46. 1 Corintios 14:24 & 25.
47. Se dan detalles adicionales en los comentarios de Hechos 2:5-11 y 1 Corintios 14:21-22.
48. Efesios 5:18.

49. Se dan detalles adicionales en los comentarios de 1 Corintios 12, 1 Corintios 14 y Judas 20.
50. Ver 1 Corintios 14:37.
51. Ver Hechos 2:11.
52. Se dan detalles adicionales en el comentarios de 1 Corintios 14:21-22.
53. 1 Corintios 14:18.
54. Hechos 15:7-11.
55. Hechos 2:4.
56. Hechos 8:14-17.
57. Hechos 9:17.
58. Hechos 10:44-46.
59. Hechos 19:6.
60. Hechos 8:18-19.
61. 1 Corintios 14:18.
62. 1 Corintios 14:31.
63. Ver 2 Timoteo 3:16.
64. Se dan detalles adicionales en el comentario del versículo 28.
65. Ver Juan 4:20-24.
66. Hechos 3:6.
67. Ver Hechos 2:1-11.
68. Ver versos 24-25.
69. 2 Corintios 13:1.
70. Ver el verso 13.
71. Ver el verso 31.
72. Ver la nota 69.

Notas finales 147

73. Por ejemplo: Hechos 1:14, 16:13-15, 18:26, 21:9, Romanos 16:1-3, 6, 12, 14-15 y Filipenses 4:3.
74. Gálatas 3:28.
75. Estas estadísticas se tomaron de un artículo de la revista World Vision publicada a mediados de la década de los sesenta. Las estadísticas más recientes son aún más sobresalientes. Hay dos libros que constituyen excelentes fuentes de información: *What Are We Missing?* (*¿Qué nos falta?*) y *On The Crest of the Wave* (*En la cresta de la ola*) por Peter Wagner, professor de Misiones en School of World Missions, del Fuller Theological Seminary.

www.ingramcontent.com/pod-product-compliance
Lightning Source LLC
LaVergne TN
LVHW041628070426
835507LV00008B/515